ヘイトクライムとは何か

連鎖する民族差別犯罪

鵜塚 健　後藤由耶

角川新書

まえがき

その夜、路上に散乱したガラスの破片は、月の光を受け、明るくきらめいていたという。「水晶の夜」（クリスタル・ナハト）のことだ。一九三八年一一月九日夜から一〇日にかけ、ドイツ各地や併合下のオーストリアのユダヤ人地区では、多くのシナゴーグ（ユダヤ教会堂）や店舗が破壊され、九一人が死亡した。犯行にかかわったのは、ナチ党の指示を受けたとされる突撃隊や親衛隊と呼ばれる集団だ。組織的に起こされた初めてのユダヤ人襲撃とされる。

砕け散ったガラスの破片から、事件の名前はつけられた。しかし、ガラスのきらめきの向こう側には、深い暗闇が広がっていた。この事件を境に、アドルフ・ヒトラー率いるナチス政権が主導したドイツは、急速に坂道を転げ落ちて行く。最後にたどり着いたのは、約六〇〇万人もの犠牲者を出したとされるホロコースト（ユダヤ人大量虐殺）だった。

遠い国の過去の話から、空間も時間も超えたい。二〇二一年八月三〇日夕方、在日コリアンが多く住む京都府宇治《うじ》市のウトロ地区で、住宅など七軒が燃える火災が起きた。死者はなく、当初は事件性も高くないとみられ大きなニュースにはならなかった。ただ、この地区の特殊性から私たちは嫌な予感を覚えた。この火災の裏には何かあると。そして三カ月後、その予感は最悪の形で的中してしまう。在日コリアンへの憎悪を抱いた二二歳（当時）の男が放火したことが判明したのだ。

一人の男が実行した事件とされるが、インターネット上には男の犯行を支持、賛美する声があふれた。それ以降、在日コリアンへの差別意識をもとにした同様の行為、事件が続いている。

特定の属性の人たちへの差別意識を動機にした犯罪は「ヘイトクライム」と言われる。日本のメディアではヘイトクライム＝憎悪犯罪と直訳して表現する場合が多いが、問題の深刻さをより伝えるため、私たちはヘイトクライム＝差別犯罪と位置づける。差別をもとにした事件はずっと前から繰り返されてきた。ただ、単独で実行され、短期間で一気に過激な行為に手を染めるという形態が目立ち、フェイズ（段階）は確実に変わっている。

現在、日本国内ではヘイトクライムを定義したり、禁止したりする法律は存在せず、通常の犯罪より重く処罰されることもない。社会を広く巻き込んだ大きな議論にもなっていない。だからこそ、私たちは今、しっかり立ち止まって考えるべきではないだろうか。

「水晶の夜」に比べれば、近年の事件の被害ははるかに小さく、大げさにとらえすぎだとの指摘もあるだろう。ただ、坂道を転がってから気づいても、もう流れは止まらないことは歴史が証明している。

一〇〇年前の一九二三年九月、私たちの社会は、悪夢のような光景を目のあたりにした。関東大震災での朝鮮人や中国人らを標的にした大量虐殺だ。しかし、長い時間が経過し、そうした歴史から目を背け、事実を否定するような空気も生まれている。再び危うい方向に進まないという保証はどこにもない。著者である鵜塚健《うづかけん》は毎日新聞大阪本社に所属する記者で、ウトロ放火事件というヘイトクライムが時代の転機を象徴していると考え、本格的に現場取材を始めた。後藤由耶《ごとうよしや》は東京本社の写真映像記者で、これまで各地でヘイトスピーチ、ヘイトクライムに関する取材を続けてきた。今回、現場や当事者を訪ね、背景を探り、未来を考えたいとの思いで一致し、合流した。

本書には、差別的な表現を紹介する箇所がたびたびある。差別表現が当事者をさらに傷つける恐れや、差別表現を拡散してしまうという懸念があるのも承知している。ただ、差別表現はより悪質になり、命を脅かす行為にもつながりかねない状況に達しており、対策が急務だと考える。事態の重大さと被害者の深い痛みを共有するためには、発言をそのまま表記して伝えることが必要だと判断した。ご理解をいただきたい。

ヘイトクライムは、障害者や性的少数者ら幅広いマイノリティーへの差別犯罪を意味する。ただ、ウトロ放火事件を起点として執筆した本書では、主に在日コリアンを標的とした民族差別を扱うことにする。朝鮮半島をルーツにし、長く日本に居住する人たちは在日コリアンと総称する。朝鮮民主主義人民共和国、大韓民国は本来正式名称を使うべきだが、一般的に知られる北朝鮮、韓国という表記で統一した。日本の植民地下に置かれる前の大韓帝国も韓国と表記する。年齢、肩書は取材時のものとしている。なお一般書のため、引用文の旧字は新字に、原則カタカナはひらがなに改めた。送りがなは現代かなづかいで表記した。文中敬称略としている。

目次

まえがき　3

第一章　ヘイトクライムの転換点――ウトロ放火事件　13

「偏見や嫌悪感に基づく独善的かつ身勝手な犯行」／事件は名古屋から始まった／「ネットで一週間たらずで調べ上げました」／嫌悪感は一〇年前から醸成されていた／情報源はＳＮＳとネットの掲示板／「反省や後悔はない」／「私の体が燃やされたよう」／生活の困窮から抱いた不平等感／矛盾する「弱者」への共感／ウトロの複雑な歴史と立ち退き問題／日韓両国で引き込んだ光／愛知での犯行は「表現の不自由展・その後」がきっかけだった／更生を願うウトロ住民の想い／「今後は命を失うことになるかもしれません」／裁判で問われたヘイトクライムの本質／判決後も訴えた「純日本人への逆差別」

第二章　連鎖するヘイトクライム――コリア国際学園事件　55
狙われた政治家、学校、宗教団体／ネットで暴走「韓国人の射〇許可出して……」／「家から近いから狙った」／多文化共生の拠点で／「越境人」を目指して／三つの事件の共通点は「反日」／検察が異例の言及「差別許されない」／一〇〇年前の悪夢が再び／「歪んだ正義感」による犯行／揺れる司法判断／単独で短絡化する犯行／法廷で初めて「ヘイトクライム」に言及

第三章　脈々と続く差別という「暴力」　85
ヘイトクライムとは何か／相次いだ朝鮮学校攻撃／生徒への暴言と暴力／カミソリの刃をばらまかれた学校も／駅ホームに残された差別落書き／「行き交う人がすべて敵に見えた」／「Jアラート」をきっかけに／問われるメディアの姿勢／終戦直後から続く朝鮮学校差別／「在特会」による朝鮮学校襲撃事件／ヘイト追及の限界と成果／女子中学生による「鶴橋大虐殺」スピーチ／「日本浄化デモ」への抵抗／刑事責任追及の難しさ／差別投稿に対

し、損害賠償を命令／「間違った正義感だった」／職場で起こる「ヘイトハラスメント」／著名企業によるヘイト

第四章　一〇〇年前のジェノサイド──関東大震災時の虐殺　127

震災が生んだ流言／当局、新聞も流言を拡散／証言が伝える虐殺の実態／一カ月以上報じられなかった朝鮮人虐殺／朝鮮人を守った人たち／当局者も認める、デマは事実無根だった／なぜ「朝鮮人暴動」デマが信じられたのか／七〇〇人以上に及んだ中国人虐殺／中国人虐殺を検証する／犠牲になる民衆／過去から目を背ける東京都／朝鮮人虐殺の事実を認めない政府／「伯父が行方不明」の在日コリアンの思い／語り継ぐ義務がある

第五章　ヘイトクライムの背景　167

ヘイトデモ参加のきっかけは「サバゲー」だった／「突撃隊長」と呼ばれて／在日コリアン男性が救ってくれた／高校無償化排除という「官製ヘイ

ト」／民族教育はなぜ必要なのか／差別に「追随」する自治体／国連からの勧告／「この国はいつまで差別を続けるのでしょうか」／国会議員による「民族衣装のコスプレおばさん」発言／マジョリティーには見えていない差別の実態／日常にひそむ差別／ＭＢＳラジオが差別発言を擁護／「数字」を稼げればいいのか／公共性を持つメディアの役割とは／「日本型排外主義」

第六章　ヘイトクライムとどう向き合うか　199

「メッセージ犯罪」の深刻な被害／ヘイトスピーチ解消法成立へ／求められる政府の姿勢と「対抗言論」の重要性／模索する自治体／初の刑事罰条例を成立させた川崎市／地方選挙を舞台に「政治化」されるヘイト／「日本第一党」初の議席獲得／野放しの「選挙ヘイト」／世界の法規制と日本の立ち位置／「表現の自由」で差別は許されるのか／ネットヘイト対策の課題

第七章　ヘイト解消への希望、共生　225

地方参政権を求めて／「逆流」する住民参加の流れ／「朝鮮学校を守ろう」／弱体化する朝鮮学校／「熱狂」の中で刻む歴史／いじめや差別の愚かさを訴える在日コリアン三世／一万三〇〇〇人の希望／憎悪への対抗

あとがき　248

主要参考文献一覧　251

第一章

ヘイトクライムの転換点

ウトロ放火事件

七棟が全半焼した京都・ウトロの放火現場（京都府宇治市で 2022 年 3 月、山崎一輝撮影）

「偏見や嫌悪感に基づく独善的かつ身勝手な犯行」

時折弱い雨が降り、京都独特の強烈な暑さはだいぶ緩んでいた。緑豊かな京都御所の南側に京都地方裁判所はある。二〇二二年八月三〇日、正面入り口前は、報道陣と傍聴券を求める市民らで朝からごった返していた。関西を拠点にする新聞社、テレビ局の記者だけでなく、首都圏からも記者やフリージャーナリスト、弁護士がつめかけた。事件の発生当初とは違い、裁判が進むにつれて注目度が高まっていた。

京都地裁がある場所には、平安時代から鎌倉時代にかけ、白河《しらかわ》法皇や後鳥羽《ごとば》上皇らの御所「春日殿」があったとされる。「新古今和歌集」の代表的な女流歌人の式子《しきし》内親王（一一四九～一二〇一年）もここに住んでいたという。人生や自然のありよう、人間同士の愛情を丁寧な言葉で紡いでいた雅《みやび》な時代だ。それから八〇〇年以上経つ。この日、雅とはあまりにかけ離れた暴力的な言葉と憎悪が凝縮された事件が裁かれた。

午前一一時、満席となった一〇一号法廷。右手から、刑務官に導かれ、被告の有本匠吾《ありもとしょうご》が入廷してきた。事件当時は二二歳。判決の少し前に誕生日を迎え二三歳になった。虚勢を張ったり、威嚇《いかく》をしたりする様子は全くなく、「普通」という言葉がしっくりする細身の男性という印象だ。黒のスーツと白いワイシャツでノーネクタイ。前回公判までは肩まで届きそうな長髪だったが、この日はボサボサの短髪。メガネをかけ、ややうつむきがちに歩き、満席の傍聴席を一瞥《いちべつ》した後、被告人席に座った。

「主文、被告人を懲役四年に処する」

増田《ますだ》啓祐《けいすけ》裁判長が、検察側の求刑通りの実刑判決を言い渡した瞬間も、有本は正面をじっと向いていた。最後に増田裁判長が「自らの行ったことを反省してほしい」と語りかけたが、有本は頷《うなず》くこともなく、特段の反応はない。多くの傍聴人が見つめる中、有本は刑務官に連れられ、法廷を出ていった。

有本は事件当時、奈良県桜井《さくらい》市に住んでいた元病院職員。問われたのは、京都府宇治市のウトロ地区にある民家等への非現住建造物等放火罪など三件の罪だった。いずれも死者や負傷者は出ていない。それでも、事件が注目されたのは、差別的な動機をもとに、同地区に住む在日コリアンらを狙った「ヘイトクライム」である可能性が極めて高いためだ。判決公判は、偶然にもウトロ地区への放火事件からちょうど一年後だった。

判決は、「差別」という言葉は直接盛り込まなかったが、在日コリアンに対する「偏見や嫌悪感等に基づく、誠に独善的かつ身勝手なもの」だと指摘した。日本の司法が、明確な言葉は避けつつも実質的にヘイトクライムとしてとらえた重大なものだった。

量刑理由で言及された犯行動機はこうだ。

「かねて在日韓国朝鮮人が不当に利益を得ているなどとして、嫌悪感や敵対感情などを抱くとともに日本人もこの問題を考えることなく放置しているなどとして不満を持っていた」

そのうえで「離職を余儀なくされるなどして自暴自棄になる中、鬱憤《うっぷん》を晴らすとともに、在日韓国朝鮮人や日本人を不安にさせてこの問題に世間の注目を集め、自分が思うような排外的な世論を喚起したいなどと考え」たという。

事件は名古屋から始まった

判決で認定された事実をふまえ、一連の事件の概要をおさえたい。事件は名古屋《なごや》から始まった。二〇二一年七月二四日午後七時すぎ、有本は名古屋市中村区《なかむら》にある在日本大韓民国民団愛知県地方本部、さらに愛知韓国学園の雨どいに火をつけ、それぞれ焼損させた。その約一カ月後、現場は京都に移る。同年八月三〇日午後四時すぎ、有本は京都府宇治市伊勢田町《いせだちょう》ウトロ地区を訪れ、木造平屋倉庫に火をつけ、周辺の住宅を含めて計七棟（計三八九平方メートル）を全半焼させた。また、少し前の同年七月二九日、奈良県大和高田市《やまとたかだ》の大韓民国民団奈良県北葛《ほっかつ》支部に放火しようとした疑いで、奈良県警高田署に書類送検されている。有本自身は行為を認めたが、これについては不起訴になった。

いずれも在日コリアンに関連する住居や施設を意図的に狙った深刻な事件ばかりだが、ここではウトロ地区の放火事件を重点的に取り上げたい。理由は七棟が燃えたという事件の規模だけではない。在日コリアンというマイノリティーが集まる国内有数の地区に放火したという行為が、より重大な意味を持つと考えるからだ。

ウトロ地区には、戦時中の「京都飛行場建設計画」に労働者としてかかわる多くの在日コリアンが集まり、「飯場」と呼ばれる宿舎で生活していた。「仕事も住む場所もある」「国の仕事のため、徴用に取られないだろう」との理由で、各地から労働者が集まったとされる。戦後は仕事を失い、多くは地区を去ったが、一部住民はとどまった。地区の歴史的経緯は複雑なため、後に詳しく述べるが、住民は水道や下水のない劣悪な環境での生活を強いられた。放火事件当時も約六〇世帯約一〇〇人の住民が住んでいた。

私たちは、公判が始まる前から、有本がどんな人間で、犯行理由は何なのかを知りたいと考え、勾留中だった京都拘置所（京都市伏見《ふしみ》区）に手紙を送った。何度かやりとりをした末、拘置所を直接訪ね、面会を重ねた。京都拘置所は、近鉄上鳥羽口《かみとばぐち》駅から徒歩すぐの工場地帯の一角にある。面会時間は、新型コロナウイルスの感染対策として一時は一〇～一五分と限定されていたが、やがて三〇分に緩和された。二〇二二年四月中旬以降、七回にわたり面会に出かけた。一度だけ拒否されたが、他はすべて応じてもらえた。以降、面会のやりとりをはさみながら、事件について考えたい（やりとりの順序などは一部変更、修正している）。

アクリル板越しの有本は、礼儀正しい印象だった。伏し目がちで、人とのコミュニケーシヨンが苦手な感じにも見えるが、自分の考えを強調したい時はしっかりこちらの目を見ながら語る。自身の犯行について話す際にはどこか得意げな感じがした。

——当日、放火に至るまでの経緯について教えてください。

「正確には午後四時一〇分ごろだったか。電車で行きました。近鉄小倉《おぐら》駅で降りて、帰りは近鉄伊勢田駅です」

——現場の最寄り駅は伊勢田駅ですが。

「捜査の目を攪乱《かくらん》するためでした。同じ場所で乗り降りすると、さすがにあれですし」

——どうやって木造倉庫に火をつけたのですか。

「ライターオイルですね。ジッポオイル。四〇〇ミリリットルくらいのを全部かけました。ヤフーショッピングで。今は簡単に買えますからね。最近そういう犯罪多いですから」


明るい時間の大胆な犯行だった。夕方とはいえ、夏の京都は気温が高くクーラーをつけて窓を閉めている家も多い。細い路地がいくつか走り、両脇に住宅が立ち並ぶ。住民の大半は高齢者で、人通りも少なく、目につかなかったようだ。倉庫の火は一気に燃え広がった。

一見、緻密《ちみつ》な犯行とは言いがたいが、「しっかり計画してやったことだと知ってほしい」

と言いたげな口調だった。あらかじめ用意していたライターオイルを入れた缶に、キッチンペーパーを導火線として差し込んだ自作の「発火装置」を床に置き、その上からオイルをまいた。有本からの手紙によると、現場の下見はリスクがあるため、「事前にグーグルアースを活用し、ストリートビューで細部まで確認した」という。

「ネットで一週間たらずで調べ上げました」

住民が大事にしていた飼い犬が一頭犠牲になった。その家の二人の子どもは、当時はたまたま外出中だった。出火から約一〇分で消防がかけつけたが、倉庫を含めて計七棟の建物が焼失した。住民が寝静まった深夜の犯行であれば、どれだけの人的被害が出ただろうか。

「はよ逃げてくれ！」
「おやっさん危ないで！」

住民が撮影した動画には、避難を促す大きな声が記録されており、当時の緊迫感が伝わってくる。

当時、地域住民の支援拠点「南山城《やましろ》同胞生活相談センター」で勤務していた金秀煥《キムスファン》（四六歳）は、近所の住民が「火事だ」と駆け込んできたため、事態を知った。大きな火柱が上がっており、近隣住民に必死で避難を呼びかけた。直後は出火原因に頭をめぐらせる余裕はなかったが、火が収まると不安が頭をよぎったという。

金は京都市出身の在日コリアン三世。子どものころから地元の朝鮮学校に通い、朝鮮大学校を経て、在日本朝鮮人総聯合会（朝鮮総連）の職員になった。同センターでは、住民のさまざまな相談に応じ、生活支援に努めてきた。仕事上、インターネットやSNSを見ることも多く、在日コリアンに対する差別的な書き込みは頻繁に目に入ってくる。日本人拉致《らち》問題、繰り返される北朝鮮のミサイル発射実験などの影響で、状況はより悪化していることを肌で感じていた。そんな中、「地区の住民が、いつ攻撃の対象になってもおかしくない」との不安を日頃から抱いていたという。

火災から約一カ月後、捜査に当たる警察官から「漏電による失火」との見立てを聞いた。木造倉庫の奥の方がよく燃えており、その付近の古いコンセントからの出火とみられるという。ほっとする一方で、どこか消化不良な感情が残った。

やがて金の不安は当たってしまう。一一月八日、宇治警察署から電話が入った。失火ではなく放火事件に切り替わったとの連絡だった。そして一二月六日、有本が京都府警宇治署に逮捕された。既に名古屋市の愛知韓国学園等に火をつけたとして建造物損壊罪などで逮捕されており、愛知県警の調べに対してウトロ地区での放火についても供述したことで、事態は急展開した。

「やはり、放火だったのか」

「私たちを殺すつもりだったのか」

ウトロ住民の間で、不安と恐怖が一気に広がった。


——そもそもウトロ地区はどういう経緯で知ったのですか。

「二〇二一年の七月か八月ごろ、ウトロ平和祈念館が（二〇二二年四月に）できるというニュースが流れ、地区の名前が出ていたので調べたら、そこの歴史が出てきました」

——どういう手段で調べたのですか。

「基本的にはネットですね。ユーチューブなどの動画も見ました。（中略）一週間たらずで調べ上げました」

——なぜ木造倉庫を狙ったのでしょうか。

「（建設予定の）平和祈念館に展示する立て看板を保管している場所だったから。それを焼失させる狙いがありました。地区一帯を焼失させるつもりはありませんでした。展示品の看板類はどこか気に障るというか……」

——看板のどこが問題なのでしょうか。

「（ウトロ地区の住民が日本に）入ってきた経緯は合法的に認められたものではありません。

戦後以来、密入国してきたことを認めてしまうのは、法的に問題があります。韓国側から支援を受けているわけですから。そんな中で、ずっと滞在し続けていることが公にされずにいるのはどうなのでしょうか」

有本はそう語るが、ウトロ地区は一言では表せない複雑な歴史を抱えている。戦後、飛行場建設が終わると、国策会社から受け継いで土地を所有していた「日産車体」が一九八七年三月、住民の知らない間に不動産業者に土地を転売した。業者から立ち退きを求められ、裁判で訴えられた住民側は敗訴し、「不法占拠状態」となった。しかし、二〇〇七年以降、日韓の民間財団などが集めた基金や韓国政府の支援金で土地を買い上げ、問題は解消する。住民の市営住宅への転居も進み、新たな時代へと歩みつつあった。

そんな中、ウトロ地区の長い歴史を伝える「ウトロ平和祈念館」の建設が進められていた。地区の木造倉庫には、史料として展示するための立て看板類約五〇点が保管されていた。「ウトロは在日のふるさと」「ウトロを無くすことは日本人の良心を無くすこと」不動産業者との法廷闘争中や裁判終結後に、住民らが生活する権利を訴え、掲げたものだった。

有本にとって、行政や日本社会にそうした異議を申し立てる住民たちは、「反日」であり、許せない存在だったようだ。インターネット上には、ウトロ地区やそこに住む在日コリアンに対する根拠のない情報や独自の論理があふれていた。有本は戦前から約八〇年続く地区の重い歴史をわずか一週間で把握した気になり、放火の計画に乗り出した。

嫌悪感は一〇年前から醸成されていた

面会での有本は冗舌だ。「私は何でも知っている」と言わんばかりの自己顕示欲が強くにじみ出ているように感じた。内容の真偽は別として、筋道立てて話すことが得意で、頭の回転も速い。繰り返されたのは、在日コリアンや、韓国、北朝鮮に対する荒っぽい理屈だった。

――在日コリアンに対するどのような感情や思いで、放火に至ったのですか。

「在日コリアンといってもひとくくりにはできないですね。一つ目は親日派で韓国から追い出されたような人。二つ目は民団や韓国学校、朝鮮学校などで教育を受けた人。三つ目は、ウトロやその他の地域に不法滞在する人、密入国に近い形で入った人たち。そうした人たちの滞在について問題提起するつもりでした」

――韓国や朝鮮に対する嫌悪感はいつごろから持っているのですか。

「だいぶ前からですね。竹島《たけしま》問題や日章旗騒動、慰安婦像の設置が頻繁に起こるようになり、報道されましたよね。一〇年前ごろから良い印象は受けていませんでした」

――嫌悪という表現が正確でしょうか。

「嫌悪というより、反感、遺憾《いかん》のような感情ですかね。朝鮮学校などに来ている方、反日教育をされている方には、違和感、反発を感じます」

――朝鮮学校に行ったことや学校について勉強したことはありますか。

「行ったことはないですね」

――在日コリアンの知り合いは。出会ったことは。

「いないです。出会ったこともない」

――「反日」の人たちがとにかく許せないということですか。

「そうした人は密入国のような入り方をしている。日本で扱っていないような薬物を密輸したり、日本の作物などを韓国へ密輸したりしている。それが公にならないのはどうなのか」

――ウトロ平和祈念館が開館することについては、何が許せないのですか。

「私としてはコロナ禍の中でこういうことをするのが許せませんでしたね。なぜあえてこの時期に人々の反感を買ってまでやるのか」

――多くの人が生活で苦労をしている時期に、という意味ですか。

「そういうことですね。日本の祈念館であればいいですが、そうでないものをこの時期に建てるべきなのかということです」

有本のいう一〇年前というと、二〇一二年八月に韓国・李明博《イミョンバク》大統領が竹島に上陸し、日韓関係が加速度的に悪化していった頃だろう。当時、有本はまだ中学一年生のはずだ。余程早熟な少年だったのだろうか。さらに東日本大震災（二〇一一年三月一一日）後の「反日的な姿勢」も許せないとも語っている。

「多くの犠牲者が出たことを韓国側が喜び、福島第一原発の事故や（被災地の）食品に対する誹謗《ひぼう》中傷をしていた」

原発事故後の放射能汚染を受け、日本産農産品輸入を一時期拒否したのは韓国だけではない。一方、韓国が大震災で犠牲者が出たことを喜んだ、という情報はどこから得たのか。たとえ断片的な「情報」があったとして、どうしてそのまま信じてしまうのか。すべて断定調で語る有本の主張には、根拠が乏しい事柄が次々に出てくる。

情報源はSNSとネットの掲示板

会ったこともない在日コリアンを、確信を持って批判する。そこまで確固たる思いに至る情報はどこから来るのだろうか。私たちはくり返したずねた。

――反韓感情を得る情報源は何ですか。

「SNSなどいろいろ網羅的にですね。あと、ネット掲示板でしょうか」

――具体的なサイトを教えてください。

「2ちゃんねる、5ちゃんねる、爆サイでも調べました。あと、ネット記事のコメントなどを読み比べて。記事自体も（ネット上には）古いものが残っていますから。（中略）ヤフーコメントも参考程度に見たことがあります」

――ネット以外で、書籍などで情報を得ようとしたりはしないのですか。

「書籍は、そこまでないですね。それこそネットの情報がほとんどです」


有本が挙げた情報源の一つ、まとめ情報サイト「爆サイ.com」をのぞいてみた。爆サイは、「日本最大級のローカルクチコミ掲示板」と自称するサイトだ。一般のニュースからスポーツ、芸能、娯楽まであらゆるジャンルを扱っている。そこで「ウトロ」をキーワードにして調べると、外国人への差別意識に満ちた書き込みが山のように出てくる。

「うとろから在日をつまみ出せ」と題したスレッドでは、「不法占拠してるうとろを取り返せ。あいつら税金も払てないみたいだし、京都の人はいったい何考えてるの」といった書き込みや、「在日&朝鮮人駆除先」として、「東京入国管理局」の電話番号が掲載されていた。「税金払ってないのに生活保護をもらえるの?」「とにかく第二皇民や第三皇民はこの日本から出て行け!!」などの記述もあった。

有本が逮捕された直後、事件を伝えるネットの記事には、読者からのコメントがあふれた。「愛国無罪放免」「国民栄誉賞」「若いのに大した男や」。犯行自体を容認、賛美する言葉はさらに加速していく。「ゴキブリはホイホイへ、チョンはガス室へ」などのように、ホロコースト(ユダヤ人大量虐殺)を彷彿とさせる内容もある。こうした言動の先には、受け止める生身の人間がいる。そんな当然の感覚がないのだろうか。

インターネットだけに情報源を頼り、一度誤った情報にとらわれると、それを補強する誤った関連情報が次々に集まってくる。意識的に俯瞰《ふかん》したり、情報源を多元化したりしない限り、偏見や誤解は強化されるばかりだ。

面会での有本はどんな質問にも自信ありげに答えるが、基本的な知識が欠落していると感じることもたびたびあった。一例を挙げると、朝鮮半島の南北分断についての認識だ。日本国内には、韓国政府公認の「在日本大韓民国民団」(民団)と北朝鮮政府が認める「在日本朝鮮人総聯合会」(総連)がある。有本は、北朝鮮とのつながりが深い朝鮮学校への反発を示すために、韓国系の「愛知韓国学園」の一部に火をつけた。なぜ、朝鮮学校への腹いせに韓国学園に火をつけたのか。面会で尋ねると、有本は「民団と総連の違いを知らなかった」と答えたのであきれてしまった。南北の分断、それにより翻弄《ほんろう》された在日コリアンの歴史は極めて重要なポイントだからだ。

「反省や後悔はない」

有本の受け答えは、回りくどい表現や逆説表現が多いのが特徴で、無理して「論理的」に見せようとしている印象を受けた。自分に陶酔しているのか、相手を寄せつけたくないという思いが強いのだろうか。

――一連の放火に反省、後悔はありますか。

「反省や後悔はないですね。社会的に認められないもの（行為）ではあるが、訴えたいこと、伝えたいことは不動で、変わっていません」

――計画していたことが達成されたということですか。

「完全な達成とは言えませんね。ただ、訴えたいことを伝える場を設けられたという意味では果たせています。最終的には、社会全体が今後どう動くかが大事です」

――放火は、在日コリアン住民に恐怖を感じさせる狙いがあったということですか。

「それに関しては否定できません。『日本にいてはならない』ということにはなりませんが、滞在に対する批判を受けて当然であるといいますか。（居住する権利を求めた）行動に対する部分が非難を受けるのは当然ですよということをはっきり伝える意味がありました。恐怖を与えるという意味では、あながち間違っていませんね」

反社会的な行為と認識しつつも反省はしない。放火は「恐怖を与える」のが狙いだったとも語る。住民はどう受け止めるのか。

出火場所となった木造のすぐ向かい側に住む在日コリアン二世、鄭佑炅《チョンウギョン》（八一歳）が事件当時を振り返る。自宅でくつろいでいたところ、屋外でパチパチと音がするのが気になり、扉を開けると、火の手が上がっているのが見えた。玄関脇の水道のホースを手に必死に水を掛けたが、無駄だと分かり、避難したという。自宅外壁の雨どいなどが溶けたが、延焼は免れ、幸いけがもなかった。

ただ、傷跡は深い。事件から半年後、鄭はこう語った。

「夜中でも外でカチャと音がするとすぐ起きてのぞくようになって。また（地区内の）違うところでやられるのではないかと」

鄭がウトロに来たのは約七〇年前の小学四年生の時。京都市内で生まれ、父親の仕事の関係で引っ越してきた。就職差別には何度も遭ったという。一六歳のころ、知人の紹介で大阪・船場《せんば》の問屋に入り、いきなり丸坊主にされ、一日仕事をした。その夜、問屋の主人から、採用を前に「戸籍を持ってくるように」と求められた。「朝鮮人だから、戸籍はない」と答えると、やんわり「もう来なくていい」と言われた。その後、大手電機メーカーの下請け工場でも三カ月働いたが、同様に戸籍がないことを理由に本採用は断られた。

「朝鮮人だからアカンねんなと思って」

ダンプカーや重機を運転し、力仕事に明け暮れた。三〇代半ばからはタクシー運転手に。

「社長は『朝鮮人でもかまへんからやってくれ』って。それで頑張ってたんや」

地区住民はみな同様の苦労をし、支え合ってきた。

「この町がなかったらわしらは生きていけんかった。放火の犯人には、なんでここに朝鮮人が住んでいるかということをもっと勉強してもらわなあかん」

安心して暮らすために何が必要か尋ねた。

「人間を差別することを禁止する法律とか、そんなやつをきちんとしてほしい」

切実な訴えだった。

「私の体が燃やされたよう」

放火事件で衝撃を受けたのは、現在地区にいる住民だけではない。かつて同地区に住んでいた在日コリアンの弁護士、具良鈺《クリャンオク》（三九歳）もそんな一人だ。有本の逮捕から約三週間たった一二月二六日、ウトロ地区での放火事件を受けた市民集会が開かれた。そこでの発言と後日の取材で語った具の思いを紹介したい。

「私の体が燃やされたようです」

具は、今回の地域の歴史を伝える看板が燃やされたことをこう表現した。今回の放火に触れ、「とてつもなく大きなパワーで押しつぶされそうになっていると感じます。それはヘイトです。私たちを忌み嫌い、人間扱いしないものです」と語った。淡々とした語り口に悲しみと怒りの深さがにじんだ。

自身の生い立ちにも触れた。

「低いトタン屋根のうえに、ニンニクや唐辛子が干してある景色を見て育ちました。七輪の焼き肉の匂いがし、（住民に）『寄っていき』と呼ばれたりしました。（中略）大雨の日はウトロ地区だけ洪水が起き、（住民同士で）助け合いました。晴れの日もウトロ中に下水のにおいが充満していました」

具にとって、ウトロは貧しいながらも、安全で温かい場所だった。

一方で、幼いころから数々の暴言、暴力を受けてきた経験も持つ。特に北朝鮮によるミサイル発射実験などがあるたびに、在日コリアンの生徒らは繰り返し、バッシングの対象になった。京都朝鮮中高級学校（京都市左京区《さきょうく》）に通っていたころ、駅のホームで突然、後ろからポニーテールをつかまれた。

「朝鮮人のくせに先乗るな。死ね」

差別動機をはっきりと口にした上での暴力であり、明らかなヘイトクライムだ。強いショックを受けたが、親を悲しませたくないとの思いから、大人になるまで黙っていた。

さまざまな記憶が詰まった場所で放火事件が起き、歴史を伝える看板や家屋が燃えてしまったことで、「地区の歴史自体が否定されたような気持ちになりました」。近年、地区は徐々に変貌《へんぼう》を遂げてきた。二〇一六年には地区の民家の取り壊しが始まり、その際も「自分の存在が根底から揺らぐ」ような喪失感を覚えたという。ただ、今回の放火による打撃は比較にならない。「私の存在基盤、片鱗《へんりん》すら残ってはいけないんだ」というメッセージを突きつけられた気がし、「ここまで来てしまったのか」という恐怖を感じた。放火が判明後しばらくの間、悪夢にうなされる日々が続いたという。

具は学生のころ、ウトロ地区の土地所有権を巡る法廷闘争で、住民の思いを代弁して闘う弁護士の姿にあこがれた。大阪市立大法科大学院に進み、弁護士になった。痛みを知る立場から、ヘイトクライムの根絶に向けて奔走してきた。弁護士活動のかたわら、英国と米国の大学で国際人権法について学び、さらに韓国の大学院でも研究を続けた。

生活の困窮から抱いた不平等感

有本は和歌山県田辺《たなべ》市出身。本人の説明によると、高等専門学校に通ったが、途中で辞めたという。京都市内の福祉系専門学校で学んだ後、奈良県内の精神科系の病院に事務職員として勤務する。

関係者によると、有本は学校になじめない時期があり、親からは他人と比べられて否定されることが多く、家族や社会に対して憎しみのような感情を抱いていたという。事件前の二〇二一年七月に職場を辞めたが、再就職がうまく行かず、経済的に追い詰められていた。犯行動機に関連し、「自暴自棄になり、どうにでもなれという気持ちが少なからずあった」などと警察の調べに答えている。

犯行当時は、奈良県桜井市で一人暮らしだった。桜井市は「人権の町」で知られ、部落解放運動が盛んな土地だった。戦前から多くの人が朝鮮半島から訪れ、檜縄《ひのきなわ》作りの仕事にかかわった人が多い。現在も奈良県の中では在日コリアンが比較的多い地域だ。

――事件当時、無職だったと聞きますが、自主的に職場を辞めたのですか。

「新型コロナの第四波、第五波で、緊急事態宣言が出たころですね。（正職員として）勤務していた病院でも（職員に）ワクチンを打つことになりましたが、私はワクチン肯定派ではなく、賛同できませんでした。当時、精神面で通院もしており、ドクターストップもかかって辞めてしまいました」

──無職になり、生活が苦しくなったのですか。

「試用期間内の早期離職だったので、手当はなかった。社会的困窮は生じていましたね」

──追い込まれていた、という意味ですか。

「それはありましたね」

──困窮した状況と放火との関係があったということですか。

「逆恨みではないですが、ウトロ地区の場合、地域に住んでいる方というのは、社会保障、医療費、公共費、そうしたものが生活状況や経緯にかかわらず、無償で受けられます。日本で生まれて、（日本の）国籍があるとしても、日本の社会状況に反社会的というか、市や行政、近隣と対立してきた方々に優先的に保障するのは、順番としてどうなのでしょうか。不平等性を感じます」

有本は自ら「数年前から精神的な不調で通院していた」と語り、症状について「社会不安症、一般的には対人恐怖症といった方が分かりやすいです」と説明する。病気と事件の関連は不明で、「記事に書いてもいいのか」と確認したが、「(供述)調書にもとられているし、問題ないです」と答えた。淡々とした口調だったが、私たちには自身の苦しみを理解してほしいと願っているかのようにも聞こえた。

退職後の困窮や不満は、ウトロ地区の在日コリアンへと向けられた。住民が優遇されているとする有本の主張は、「在日特権」と呼ばれる典型的なデマ言説だった。在日特権とは、事実無根か事実を恣意《しい》的に解釈するなどし、在日コリアンが優越的な権利を持っているとする根拠のない主張だ。

地元の宇治市役所に聞いてみた。まず健康保険や医療費について、市国民健康保険課は「国民健康保険は法律に基づいた制度。特定の地区、特定の国籍の住民を免除する取り扱いは当然していません」と回答した。

生活保護に関しては、市生活支援課は「法律上、基本的に日本人を対象としていますが、在日コリアンを含め外国籍の方も、国の通知(厚生省社会局長通知、一九五四年)をもとに準用されます」とし、「国の制度であり、在日コリアンだから優遇することはありません」と話した。同課にはデマをもとにした電話が絶えないと言い、「(窓口には)差別的な発言等が寄せられる場合もありますが、『それは誤った認識です』と、毅然《きぜん》として対応しています」

と担当者は語る。市水道総務課も「水道は公営企業で運営しており、水道料金を政策的にまけることはありません」と答えた。

矛盾する「弱者」への共感

面会と並行してやりとりした手紙の中でも、有本は自身も含む若者が置かれる厳しい状況について触れていた。行き場のない感情を抱えているようでもあった。

――今、若い人が経済的な苦境に置かれていると考えていますか。

「正規雇用は別ですが、非正規雇用やアルバイト、また社員でも新型コロナの都合で、短期離職を求められたり、内定を取り消されたりなどで、何の手当も受けられない人もいます。割合としては圧倒的に若者世代が多いですよね。そうした人はいつまでも無視され、自殺も含め、二〇二〇年代になり一気に増えたわけです」

――さまざまな事件の背景に、困窮や社会的な孤立があります。

「私の場合は、特定の民族に限定したものであり、ウトロに関しては不法滞在の方に対する、特定の人を対象にしたものです。韓国系の人への支援について停止とは言わないまでも、削減するとか。日本国内にいる人たちでも、東南アジアやアフリカ、南米など途上国の人たち、そうした方々が生活保護の基準にも満たない暮らしをさせられています。一方で、韓国人や中国人、朝鮮系の人たちだけを支援するのであれば、差別的と言えるのではないですか」

——東南アジアやアフリカの人というのは、たとえば難民申請中の人たちのことですか。

「そうですね。難民系の人ですね。そうした人たちへの生活支援、就業面、住宅支援の面（が必要）ですね」

——難民にも関心があったのですか。

「以前から関心がありました。専門学校の授業でもそうした話を聞くことがありました」

　韓国、北朝鮮、在日コリアンには強い反感、敵意を持つ一方で、難民申請者への支援は必要だという。精神科病院に勤めていた理由についても尋ねたところこう答えた。

「障害系の人を支援していました。精神障害が認知されておらず、公に配慮されづらい現状があり、改善したいと思っていました」

　困窮する若者、難民申請者、精神障害者……。忘れられがちな社会的弱者にも視線を向けるべきだという。

　社会的な問題への関心が高いことが分かる。有本は手紙のやりとりの中で、こちらの質問への回答に加え、便せん一二枚にわたる「提言書」を同封し、送ってきた。そこには日韓関係や地球温暖化、少子高齢化、財政危機などさまざまな課題について自身の考えがつづられていた。独りよがりと感じる主張も多々あるが、荒唐無稽《むけい》とはいい切れない内容もあった。どうしたら社会が公平で豊かなものになるのか。本人なりに苦悩、模索している形跡がうかがえた。手書きでびっしりと書き込み、横書きの便せんの最終行の右端はきちんと文章の最後で終わり、几帳面な性格が伝わってきた。

ウトロの複雑な歴史と立ち退き問題

ここでウトロ地区の歴史を詳細に振り返りたい。もともとこの地域は、宇治につながる地という意味で「宇土口《うとぐち》」と言われるようになった。その後、口を片仮名のロと読み、通称「ウトロ」が定着したとの見方が大勢だ。

ウトロ地区に在日コリアンが多く住むようになったのは、前述の通り、半ば国策の「京都飛行場計画」の建設にかかわった労働者の「飯場」があったためだ。日本が戦争へと突き進む盧溝橋事件から一年後の一九三八年、当時の逓信省が国内五カ所に、パイロット養成所と練習用飛行場の建設を計画した。そのうちの一つの用地として、現在の宇治市、久御山町《くみやまちょう》にまたがる広大な農地が選ばれた。飛行場の整備工事等は、国策遂行のための民間会社「日本国際航空工業」が担当した。

一九一〇年、当時の朝鮮は日本に併合され、植民地とされた。炭鉱や土木工事現場では強制連行された朝鮮人も多いとされる。しかし、ウトロ平和祈念館によると、ウトロ地区の労働者の多くは、強制的に連れて来られた人ではないという。

終戦を迎え、飛行場建設が止まり、飛行場関連の施設は米進駐軍が押さえた。日本人にとっては敗戦だが、朝鮮人にとっては解放でもあった。民族の言葉や文化を取り戻そうと、地区には朝鮮人学校ができた。一方で、労働者は仕事を失い困窮が深まり、やがて朝鮮戦争が始まる。地区を去る住民も多かったが、母国の混乱が深まる中で、日本への残留を選択する朝鮮人も少なくなかった。

地区にはバラックのような建物が並び、水道も下水もない生活が続いた。地域全体が低地にあるため、大雨や台風のたびに大規模な浸水被害に見舞われた。

前述のようにウトロ地区の土地は戦後しばらくして不動産業者の手に渡る。業者はやがて、住民を「不法占拠」とみなし、立ち退きを要求した。

当時の緊張感について、住民が毎日新聞記者に語っている。「『家を潰《つぶ》すなら私をひき殺してから潰せ』って前に寝転んでね。さすがにそれ以来、来なくなったよ」。一九八九年二月、解体業者のトラックが地区に乗り付けたところ、在日コリアン一世の姜景南《カンキョンナム》（故人）は体を張って阻止したという。

不動産業者は、住民の立ち退きを求め、一九八九年二月、京都地裁に提訴。当時、約三八〇人の住民がおり、大半が被告にされたという。最高裁まで争われたが、住民側の「不法占拠」が確定した。判決では、地区の歴史的な経過や人々の事情が深く考慮されることはなかった。

日韓両国で引き込んだ光

「不法占拠」であることが法的に確定し、住民たちは八方ふさがりになった。大半は収入の少ない高齢者だ。追い詰められた住民たちを救ったのは、日韓の多くの草の根の市民だった。住民を支援してきた「ウトロを守る会」副代表で元宇治市職員の斎藤正樹《さいとうまさき》によると、活動する上で根拠にしたのは、国際人権法に定められた「居住の権利」だ。日本も批准する社会権規約一一条に定められたもので、国籍や性別などの属性にかかわらず、強制立ち退きを求めることを禁じたものだ。

斎藤はウトロの立ち退き問題の解決策について文書を作り、国連に提出した。二〇〇一年には、国連の社会権規約委員会から、住民を立ち退きから救済するよう勧告が出た。最高裁判決の確定を受け、裁判所の執行通知が地区の民家に貼られ、執行予定日も示された。住民は座り込んで抵抗する構えだったが、幸い執行は先送りになった。その後、地区住民の一部が韓国に行って窮状を訴えると、今度は韓国世論が動く。二〇〇七年には三〇億ウォン（当時の日本円で約三億八千万円）の支援が決まり、解決に向けた追い風となった。日本と韓国の民間財団が土地の一部を買い取る形で、問題は決着した。こうした前進を受け、日本の行政も動き出した。大きな力になったのが、当時の国土交通相の冬柴鉄三《ふゆしばてつぞう》だった。兵庫県・阪神地域を地盤とする公明党議員だ。伊丹《いたみ》空港周辺にも在日コリアンが多く住む中村《なかむら》地区があり、冬柴には市営住宅への転居による地域改善に取り組んだ過去があった。戦後の混乱期を生き抜く在日コリアンを描いた鄭義信《チョンウィシン》監督の映画『焼肉ドラゴン』（二〇一八年）は中村地区が舞台とされる。

二〇〇七年には国と京都府、宇治市が、ウトロ地区の住環境改善に向けた連絡協議組織を結成。二〇一四年に基本構想を策定し、市営住宅の建設が決まった。二〇一八年一月には第一棟が完成し、四〇世帯が転居。二三年春には二棟目も完成し、残り一二世帯が転居した。

暗くて深い歴史を抱え、紆余《うよ》曲折を経験してきたウトロ地区。日本の司法からは冷たい判断が下ったが、日韓両国の市民が原動力となり、複雑な事態を打開した。

市営住宅が建設され、新たな暮らし、新しい時代が始まった。現在暮らす在日コリアン住民は二世、三世が中心だ。在日一世の住民は、前述の姜景南が最後だった。二〇二〇年一一月に九五歳で死去。亡くなる四日前の誕生日にも毎日新聞記者の取材、撮影に応じていた。

姜は朝鮮半島・慶尚南道の山村で生まれ、先に日本に渡っていた父や兄姉を頼り、一九三四年に母とともに渡日した。大阪市住吉区《すみよし》や堺市《さかい》などを転々として、町工場で働きながら日本語を覚えた。一七歳で結婚し、先に飛行場建設で働きに来ていた兄を頼ってウトロにたどり着く。戦後も貧しさは変わらない中で五人の子どもを育てた。市営住宅が完成しても、「ここが私の家や」と小さな二階建て住宅から移転しようとしなかったという。

一方で、晩年の姜は多忙を極めた。韓国のテレビ局のバラエティー番組が姜を取り上げたことで、韓国からの多くの観光客が地区を訪れた。おばあちゃんの愛称である「ハンメ」と慕われ、記念撮影に応じるなどし、大人気だったという。地区で開かれた告別式には、在大阪韓国総領事館を通じて文在寅《ムンジェイン》大統領（当時）名の供花が届いた。

愛知での犯行は「表現の不自由展・その後」がきっかけだった

日韓併合から植民地支配が始まり、太平洋戦争、そして終戦を迎える。さらに朝鮮半島の分断という悲劇が加わった。ウトロ地区の住民たちは長い間、歴史に翻弄されつつ手探りを続け、光をたぐり寄せてきた。そんな時間の経過を知らないまま、有本は歪《ゆが》んだ認識から火をつけてしまった。在日コリアンを一つの無機的な「記号」と見て、憎悪を向ける対象としたのだろうか。

面会や裁判傍聴をする中で感じたのは、差別意識や憎悪の強さとともに、有本自身の自己顕示欲、承認欲求の強さだ。有本はウトロ事件の前に、名古屋で愛知韓国学園の雨どいに火をつけるという事件を起こした。なぜ最初に愛知を選んだのか。愛知では二〇一九年に、あいちトリエンナーレの企画展「表現の不自由展・その後」を巡り、騒動が起きた。昭和天皇を題材にした作品や旧日本軍慰安婦被害者を象徴する「平和の少女像」などを展示するもので、保守系の人らから強い反発が起こった。関係者に誹謗中傷が集中し、脅迫文が届くなどの事態に発展した。

有本は一連のそうした問題が風化されつつあると危惧《きぐ》し、「再度問題を表出させたいという思いがあった」と語った。自身の手で問題を再燃させようとしたのだ。ただ、愛知での事件は被害が小さく、大きなニュースにはならなかった。有本が期待していたネット上の反応も目立ったものがなく、不満を強めた。「思ったほど注目されなかった」として、次の犯行のターゲットにしたのがウトロ地区だった。

ウトロ地区での放火事件の直後、有本はネット上でニュースになっていることを確認した。そして友人にＳＮＳを通じてシェアしたという。

放火から六時間後の午後一〇時三三分、有本は次のようなツイートを投稿していた。

「場所はウトロ地区。在日のプラカードを掲げる 不法滞在者の空き家。黒煙で即全焼となると石油系統火災でほぼ確定です。分かります？ 政界の方々。五輪の利権にまみれる間に、在日排除の放火テロ起こりましたよ。日韓問題に即刻終止符を求めます」

当日は火災が発生したことしか報道されていないのに、ここでは「在日排除の放火テロ」と断定し、「日韓問題」への対処を求めた。さらに追加のツイートもあった。

「意味が理解出来ない方に補足すると、このような反日抗議活動を国や市が容認し続けた故に生じた事件ということです。（写真はネットから引用）。確かに日本は戦犯国ですが、この地域の人は正式に日本への在住手続きを済ませていない、謂わば犯罪者達です。早期厳罰で防げた話で、責任が問われます」

このアカウントは匿名だが、有本は有罪確定後、記者との手紙のやりとりの中で、自身のものであることを認めた。

有本は逮捕後、毎日新聞以外にも、複数のメディアの記者の取材に応じている。どんな報道がされているかを気にし、逮捕されたことでメディアを通じて自説が発信されることについては、肯定的にとらえているようだった。私たちの面会取材にも、「逮捕はされたが、こうやって自分の考えが発信ができている」と満足げに語っていた。

更生を願うウトロ住民の想い

日本国内でのヘイトクライムは、ウトロ放火事件が初めてではないが、在日コリアンやその支援者らはこの事件にとりわけ注目した。理由の一つは、犯行動機として自身の差別意識を赤裸々に語っている点だ。さらに、自身が起こした行為もヘイトクライムであると認めている。

――欧米では、ヘイトクライムは厳しい処罰の対象となっています。自身ではどう考えていますか。

「行為として過激であることに変わりなく、これ自体をヘイトとみなすのは間違いではないと思います。私が問題視しているのは、日本人が韓国に対して抱いている感情は差別にあたるのか。思想の部分に対してそう見られるのは違うのではないか。部分的否定ですね」

――ヘイトクライムととらえられても仕方ないと考えますか。

「そういう主張はありえると思いますね。（放火事件）三件全部が韓国系という特定対象を狙ったものであり、無差別ではないと自分でも認識しています。反日活動に対する批判、非難であり、過激な行為ではありますが、それ自体、差別やヘイトを助長する行為であったと言えます」

有本は一連の事件で逮捕後、二〇二一年一二月二七日、非現住建造物等放火罪などで起訴され、三件の裁判は併合審理されることになった。二〇二二年五月一六日、有本は初公判で早々と三件の罪を認めた。証人尋問、被告人質問を終え、六月二一日には論告求刑公判があった。京都地検は「在日韓国人及びその関連団体に対して一方的に抱いていた嫌悪感から」犯行に及んだとして懲役四年を求刑した。

求刑後、被害者からの意見陳述の時間が設けられた。ウトロ地区の住民を代表し、放火によって住宅が全焼した住民の男性が陳述した。

「法廷で（被告は）放火したことに後悔がないと言い放ったと聞きました。最大限の厳しさをもって向き合わなければ彼の人生のためにもならないと感じました」と語った。さらに「こういう事件を起こすと必ず、自分や自分の周りの人、大切な人に同じようなことが返ってきます。そこをかみしめて人生を歩んでほしいです」と呼びかけた。

前述の金秀煥も陳述した。金は自身の在日コリアンとして受けた差別体験や地区住民の苦しみに触れた後、こう訴えた。

「単なる放火事件として寛容に処罰されるならば、このようなヘイトクライムをさらに助長させ、在日朝鮮人をはじめとするマイノリティーの人々は常に何かにおびえ安心した生活を送れなくなるでしょう」

厳しい処罰を求める一方で、金は有本自身の心情にも寄り添った。

「被告人にとってもこの社会はとても生きづらい社会であったことが感じられ、差別感情以外の彼の人生での苦しみは、私にも似たような経験があり心が痛みました」

その上で、金はさらに被告に呼びかけた。

「インターネットのない世界で自分のしたことを見つめ直して、深く反省してほしいです。これからは、生きづらさを感じている人たちを攻撃するのではなく、生きづらさを感じている人たちと手を取り合って、すべての人が安心して仲良く暮らせる社会のためにともに進んでほしいと思います」

二人の陳述とも、犯した罪は憎むが、有本という人間自体を責めるようなものではなく、むしろ本人の今後の更生を願い、手を差し伸べようとする内容だった。傍聴席にいる誰もが、厳しくも温かみのある陳述に共感しているようだった。しかし、この後、法廷全体が一気に凍り付くような場面が訪れる。

「今後は命を失うことになるかもしれません」

論告求刑公判の最後には、被告が最終陳述する機会が与えられる。裁判官から促され、有本が口を開いた。「改めて弁明するつもりはありません。最後に一言だけ言わせていただきたいです」。そう切り出し、自説を述べ始めた。「今現在、日本、世界において罪のない人々が見殺しにされています。多くの困窮者、南米、アフリカ、東南アジアから来られた方も支援を受けられずに見殺しにされています。これは事実です。一方で、戦争の被害者という一方的な理由で、国民以上に支援を国で受けようとしている人もいます」。面会時にも聞いた、論点をすり変えた主張だった。

「(私が) 被害を与えた方に、直接的な罪はないかもしれません。しかし、私のようにそうした方々へ差別、偏見、ヘイトクライムの感情を抱いている方は国内だけでなく、いたるところにいる現実を認めなければなりません」

社会に多く存在する「仲間」たちを代弁するかのような口ぶりだ。

そして開き直りとも言える言葉を放った。

「仮に私が極刑で裁かれたとしても、一個人による身勝手な感情に伴うものであると収束させてしまうと、同様の事件やさらに凶悪な事件が起こることは容易に想像できます」

「今後、再び起こるであろう同様の事件が、何を背景にしているのか、皆さん一人一人が考えない限り、今後は本当に命を失うことになるかもしれません」

陳述の最後は「ご静聴ありがとうございました」としめくくった。

有本は「差別、偏見、ヘイトクライムの感情」を持つことを正当化したうえで、自分だけの特殊な感情ではないと訴えた。傍聴席の誰もが、差別的、暴力的な内容に驚くと同時に、その異様な冷静さに寒々しい思いを抱いた。

「今後は本当に命を失うことに……」

予言のような有本の陳述が気になり、私たちは再び拘置所を訪ねた。

——「さらに凶悪な事件が起こる」などの言葉の真意は何ですか。

「それが実際に起こってしまったのが七月八日の（安倍《あべ》晋三《しんぞう》元首相）銃撃事件でしょう。もともと韓国系、旧統一教会の団体を狙ったものでした。ただ、それが襲撃対象が変わってしまいました。こうした事件はさらに起こりうるのではないでしょうか」

——新興の宗教団体への恨みによる犯行であり、韓国への反発ではないのではないですか。

「山上《やまがみ》（徹也《てつや》）さんでしたっけ。海上自衛隊出身ですよね。自衛隊の防衛対象は中国、ロシア。それにあのころは、竹島の問題があった時期。そうしたうらみもあったのではないでしょうか。安倍政権のころで、日本人拉致事件などの問題もあった。何らかの感情があったのではないでしょうか」

安倍元首相銃撃事件は、有本が最終陳述してから約半月後に起きていた。確かに宗教団体が韓国を拠点としており、山上は韓国に良い感情は抱いていなかったようだ。ただ、山上が海上自衛隊に所属していただけで、自身と同様の韓国へのうらみを持っていたと考える思考には、かなり無理があるように感じた。

裁判で問われたヘイトクライムの本質

一般的に刑事裁判では、検察側の量刑を一定程度割り引いて判決を出す。それでもこの事件では、論告求刑と同じ懲役四年の実刑が言い渡された。裁判官の厳しい見方が伝わる。

犯行に至るまでの動機の形成過程について判決は、「在日韓国朝鮮人という特定の出自を持つ人々に対する偏見や嫌悪感に基づく、誠に独善的かつ身勝手なもの」と厳しく指摘した。

関係者の最大の注目点は、判決に「差別」という言葉が盛り込まれるかどうかだった。しかし、この二文字はなかった。それでも、論告で指摘された在日コリアンへの「嫌悪感」に加え、「偏見」という言葉が盛り込まれた。「偏見や嫌悪感」を動機にした犯行、と明示した点は、これまでの同種裁判と違うものだった。

判決後、地裁に隣接する京都弁護士会館で、被害者側の弁護士ら関係者による集会が開かれた。前述の金秀煥は「（裁判所は）単なる空き家への放火事件ではなく、憎悪に基づく事件として認めてくれた」と前向きに受け止めた。ヘイトクライムに詳しい師岡康子《もろおかやすこ》弁護士（東京弁護士会）は、動機に「偏見」という言葉が入ったことをとらえ、「実際にはヘイトクライムと認めているのに等しい」として「一歩前進」ととらえた。

一方で、被害者弁護団（団長・豊福誠二《とよふくせいじ》弁護士）の受け止め方は違った。国内では過去にもヘイトクライムは起きているが、差別目的に言及した判決では、略式命令で侮辱罪が認定され科料九〇〇〇円が言い渡された事例しかない。それに比べれば、ウトロ放火事件は、正式な裁判を経て被告が実刑に問われた点も含め「前進」と見ることはできる。それでも、審理の内容をふまえると、裁判所の指摘は不十分だと、弁護団の目には映った。

判決を受け弁護団が出した声明文では、「公判廷において被告人が自ら何度も述べ、調書においても人種差別目的を縷々《るる》自白して認められていたにもかかわらず、誠に器用に裁判所は『差別』という言葉を一度も使わなかった」と皮肉った。「今回の判決は、裁判所が人権の最後の砦《とりで》として、人種差別を断罪し、参政権を持たないマイノリティーの人権に配慮をするというその職責を放棄したものであり、誠に残念なものであったと評価せざるをえません」と厳しい言葉を重ねた。

声明の中で、ヘイトクライムへの認識自体のずれについて言及した点も重要だ。

「判決では、被告人が、暴力的手段に訴えて自らの目的を達成しようとした点について、民主主義社会では容認されない、という一見格好のいい判示がなされました、しかし、では、彼のもっていた排外主義的思想は、暴力的手段に訴えなければ、つまり民主主義に訴えれば許容されるのでしょうか。これは、いわゆるネット右翼のよくいう『在特会（在日特権を許さない市民の会）は言っていることはまともだけれどもやり方が許せないよね』という言いぶりと、被害者の目からは何ら変わりのないものと受け止めます」

差別的な「動機」をとりわけ重視するヘイトクライムの本質を問う指摘だった。

日本にはヘイトクライムを具体的に規定したり、処罰の基準を示したりする法律がない。そうした中で、今回の判決は確かな「前進」だったのか、それとも「足踏み」をしただけなのか。差別犯罪をなくすという共通の目的を掲げながら、関係者の立場や方法論の違いによって、判決の受け止め方は分かれた。

判決後も訴えた「純日本人への逆差別」

判決を受け、有本の心情に変化はあったのだろうか。改めて拘置所に向かった。

――判決をどう受け止めましたか。

「正直あれ以上は軽くはしようがないですね。求刑四年に対して四年。やむを得ないと感じている次第でございます」

――偏見や嫌悪感という言葉が盛り込まれたことについては、どうとらえていますか。

「実際は差別やヘイトという言葉を避けた結果なのかもしれないと思われてもおかしくないような内容ですね。こちらから一方的に攻撃したことには変わりなく、否定しきれないという気持ちです」

――事実関係で違った指摘や誤解された点はなかったですか。

「誤解ということはなかったと感じています」


判決から半年以上が経過した二〇二三年四月、近畿圏のある刑務所から、記者が有本に送った手紙の返信が届いた。

「春一番の到来と共に手紙を拝読いたしました」

丁寧な書き出しで始まったその手紙には、従来の主張が繰り返され事件の反省は一切書かれていなかった。最後はこう締めくくられている。

「重ねて申し上げますが、多国籍社会の実現に対する争論の最大焦点は思想・信条です。風土や文化の保全活動に日々携わる方、神道勤皇の精神を大切にされる方は、異国文化の参入には基本否定的です。ですが、これを一概に差別と断定しては、純日本人への逆差別にしかなりません。紛れもなき私の凶行を機に、抑圧封じ込め施策が拡大しないことを願います」

第二章

連鎖するヘイトクライム

コリア国際学園事件

敷地内に火をつけられたコリア国際学園（大阪府茨木市で 2023 年 1 月、鵜塚健撮影）

狙われた政治家、学校、宗教団体

ウトロ地区での放火事件の公判の中で、有本は自分と同様の差別感情を持つ人間が多数存在し、「凶悪」で「命を失う」事件が起きると予言していた。時系列的には判決より前の話だが、そんな予言を彷彿とさせる事件が起きていた。現場は、ウトロ地区から直線距離で約二二キロの場所だった。

二〇二二年四月五日午前二時すぎ、大阪府茨木《いばらき》市にあるインターナショナルスクール「コリア国際学園」の敷地内で、廃棄用に置いてあった段ボールが燃えた。火の気は全くなく、当時は無人だった。

この事件は、発覚まで変わった経過をたどった。同年三月一日未明、辻元清美《つじもときよみ》元衆院議員の事務所が侵入され、荒らされる事件が起きた。二〇二一年一〇月の衆院選で落選し、半年ほどたった時期だった（その後二〇二二年七月の参院選で当選）。辻元議員は国会での歯に衣着せぬ発言で知られる。外交安保政策などを巡り、安倍晋三首相や菅義偉《すがよしひで》首相との丁々発止のやりとりは有名だ。

大阪府警は二〇二二年五月一〇日、辻元事務所への窃盗未遂などの疑いで、大阪府箕面《みのお》市のドラッグストア従業員、当時二九歳の太刀川誠《たちかわまこと》を逮捕した。そして、太刀川はコリア国際学園の事件についても自供したのだ。さらに五月四日に大阪市淀川《よどがわ》区の創価学会の施設にも侵入し、窓ガラスを割ったことも自供。二カ月の間に三件の犯行にかかわっていた。被害を受けた政治家、教育機関、宗教団体はその性格も、目指す理念もかなり異なる。一見脈絡がないように見えるが、太刀川は「同類」とみなしていた。

三件とも重大な事件だが、ここではコリア国際学園に対する事件を重点的に考える。深夜で無人ではあるが、多くの子どもたちが通う学校現場が被害に遭ったという事実は極めて深刻だからだ。

判決によると、同年四月五日午前二時すぎ、太刀川は顔を隠すためのサングラスをして同学園の敷地にフェンスを乗り越えて侵入。建物内部に入れないことが分かり、腹いせに近くで見つけた段ボールに火をつけ、玄関に置いた。建物が燃えることはなかったが、床に張られたビニール製シートが焼損した。

誰もいない深夜の学校の敷地内で、火をつける行為は極めて危険だ。一般的な感覚では明らかに「放火」と言えるが、放火罪を成立させるためには「公共の危険」が生じたことを明確に立証する必要があり、問われたのは建造物損壊と建造物侵入の罪だった。

太刀川は事前に下見を済ませ、犯行時には現場近くで作業着に着替え、軍手をつけて侵入。周到に準備していたことがうかがえる。

第一発見者は同学園校長の李相創《イサンチャン》だった。当時はまだ春休み中。新年度準備のために、京都市内から車で出勤していた。午前七時すぎ、正門を開けて中に入ると、焦げた段ボールが目に入った。新入生のために机や椅子を購入し、梱包《こんぽう》をほどいて不要になった段ボールを廃棄用に壁に立てかけていたのだ。

「重なった段ボールをめくると、まだくすぶっているのが分かりました。防犯カメラを確認すると、火がぼっと燃えたのと同時に人影が映っていたんです」。放火を確信し、すぐに警察に通報したという。

ネットで暴走「韓国人の射〇許可出して……」

太刀川の逮捕後、在日コリアンを標的としてコリア国際学園を狙ったという趣旨の供述をしたという報道が出た。本心はどういうものなのか。太刀川がいた警察署や拘置所に手紙を送ったものの、返信はなかった。

太刀川の肉声を知るためには裁判しかない。そう考え、毎回法廷に通うことにした。裁判は二〇二二年七月一四日に大阪地裁で始まった。ウトロ放火事件に比べ、メディアの関心は格段に低かった。政治家、教育機関、宗教施設と一見関連がない施設を次々と狙った事件。動機に一貫性がなく、どこか社会性がないように見えたためだろう。

初公判は、辻元清美事務所への建造物侵入・窃盗未遂事件に対する公判だったが、次の八月二五日の公判からコリア国際学園への建造物侵入・器物損壊事件が併合された。

太刀川は一八〇センチメートルほどの長身で中肉。初公判では長髪だったが、この日は短髪だった。法廷で明らかになったのは、ウトロ放火事件に通じる韓国、朝鮮に対する強い差別意識だった。有本と同様にインターネット上で情報を集め、次第に反感、嫌悪、差別意識を強めていった。

太刀川が使っていたツイッターのアカウント名は、「ナメクジドラゴン」。名前はアニメのキャラクターからとったようだ。検察側はツイートの内容を詳細に調べ、裁判の証拠としても採用された。アカウントは二〇二一年五月二一日に開設。その内容をたどると、わずか一年の間に、憎悪を極限まで深めていった経過が分かる。

そこに書かれた記述は衝撃的なものだった。


「もう日本人に朝鮮人の射〇許可出してくれよ」（二〇二二年二月一五日）。

「俺が首相になったら在日狩りを合法化します」（同年四月三日）。


前後の文脈からどちらも、「狩り」や「射〇」は殺害行為を意味していることは明白だ。

一般に銃の所持が許されていない日本で「射殺」という言葉を持ち出すことにも私は戦慄《せんりつ》を

覚える。

太刀川が抱く憎悪の背景には、歪んだ事実認識が多数あった。

「我が国で在日韓国人による凶悪犯罪がどれだけ多いかご存知ないのですか?」(同年二月一日)

「じゃあなんで憲法があるのに在日韓国人に国民は殺されているんですかあ? なんで自殺は増え続けてるんですかあ?」(同年四月一一日)。

「外国人勢力が政界、メディア、ビジネスを支配して外国人犯罪者が実名報道されない今の日本が素晴らしいとは思えない」(同年四月二四日)。


在日コリアン独特の「在日特権」があり、それが追及されないのは、指摘する側を在日が「支配」している——。典型的な陰謀論だった。

太刀川の「ナメクジドラゴン」は二二二二(二〇二三年七月現在)のアカウントをフォローしていた。フォロー先のアカウントのプロフィール欄を見てみると、「素晴らしい日本」「日本を護る」「愛国心」などの文言が目立つ。全般的に保守的、排外主義的な思想の持ち主が多い印象だ。

「家から近いから狙った」

二〇二二年一〇月一三日、三回目の公判が大阪地裁であり、証言台の前には、証人として呼ばれた太刀川の父親の姿があった。父親によると、太刀川は大学卒業後しばらく親と同居し、一年後くらいにアパートで一人暮らしを始めたという。その後も「二カ月に一度くらいは（自宅に）帰ってきた。家族の誕生日などには顔を出していた」。太刀川の逮捕を聞いた時の感想を問われ、父親は「非常に動転した」と語っている。父親が証言する間、太刀川はずっとうつむいたままだった。続いて被告人質問があった。太刀川の声は小さく、かなり早口のため、質問への回答は聞き取りにくい。検察官が「できるだけゆっくりと」と求める場面もあった。

――（弁護側）なぜ狙おうと思ったのですか。

「在日韓国人、朝鮮人を野放しにすると、日本人が危険にさらされてしまうと思いました」

――コリア国際学園の侵入事件。動機は何ですか。

「個人情報を取ろうとしたが、できませんでした。入れそうになかった」

――なぜ、火をつけたのですか。

「何もできなかったので、嫌がらせをしようとしました」

――（検察側）コリア国際学園事件は、在日韓国人への嫌悪感に基づくのですか。

「その通りです」

――盗もうとしたのはどんな名簿ですか。

「教職員の住所などが書かれたものがあるだろうと」

――それで何をしようと。

「何か嫌がらせをしようと思いました」


被告人質問では太刀川の口から衝撃的な言葉が次々と出てきた。弁護側、検察側のどちらの質問にも、全く悪びれずに素直に答えているような印象だった。


――（弁護側）なぜこの学校を狙ったのですか。

「朝鮮学校という言葉でネットで検索をかけると、家から近い場所にこの学校があり、狙おうと考えました」

――コリア国際学園には、日本人の学生も通っていることを知っていますか。

「あとになって知りました」

――在日韓国人、在日朝鮮人の人たちと話したことはありますか。

「そういう機会は特にありませんでした」

――北朝鮮も在日コリアンもコリア国際学園も一緒だと考えていたということですか。

「坊主憎けりゃ袈裟《けさ》まで憎いという感じで、一緒だと思っていました」

――（検察側）韓国人への嫌悪感を持つに至った情報源は何ですか。

「簡単に言うとですね。ツイッターやネットです」

――本を読んだり人から話を聞いたりすることはないですか。

「そういうことはありません。ネットがほとんどです」

太刀川は、主に北朝鮮による日本人拉致問題やミサイル発射実験などを受け、反感を募らせていた。しかし、北朝鮮と一定のつながりを持つ朝鮮学校とは違い、同学園は全く関係がないが、短絡的に標的として定めた。

コリア国際学園は二〇〇八年四月に設立された「コリア系インターナショナルスクール」だ。民族教育というと、各地の朝鮮学校が知られている。また、韓国・民団とのつながりが深い韓国系の学校も数少ないが存在する。コリア国際学園はどちらにも属さない独立系とも言え、新しい時代の民族教育を目指して設立された。

学園の設立発起人には、詩人の金時鐘《キムシジョン》や東京大教授の姜尚中《カンサンジュン》、元文部科学省官房審議官の寺脇研《てらわきけん》ら著名人の名前が並ぶ。創立後に作られた後援会の設立発起人にも、瀬戸内寂聴《せとうちじゃくちょう》（作家）や野中広務《のなかひろむ》（元内閣官房長官）、鈴木邦男《すずきくにお》（新右翼団体・一水会元代表）ら多彩な顔ぶれが連ねている。

多文化共生の拠点で

二〇二二年度の生徒数は中学・高校合わせて生徒数は九〇人。開校当初は朝鮮半島をルーツとする生徒が多くを占めたが、二二年度は六割以上が日本人だ。韓国、中国からの留学生もいる。

日本の学校教育法一条に基づく「一条校」ではない各種学校だが、二〇一二年四月には国連教育科学文化機関から「ユネスコスクール」に認定され、国際的な基準では高い評価を受けている。さらに二〇一七年一〇月には、「国際バカロレア機構（ＩＢＯ）」（本部・ジュネーブ）が進めるディプロマプログラムの認定校にもなった。

同学園は、政府が二〇一〇年から進める高校無償化の対象にもなっている。李校長は「対象になったことで家庭の負担が減り、生徒も通いやすくなり助かっている」と話す。

全国各地の朝鮮学校は、高校無償化制度の対象から排除されたままだ。ネット上では「教育カリキュラムが偏っているのが悪い」「各種学校だから当然だ」などの書き込みがあるが、これは的違いな批判といえる。コリア国際学園も含め、独自色を出して無償化対象になっている学校はある。朝鮮学校に対する無償化排除は、改めて政治的な理由による差別であることが分かる。

同学園は語学の習得に力を入れ、中学・高校を通して英語、コリア語が必修だ。中学は中国語の授業もある。朝鮮学校では朝鮮語、韓国系学校は韓国語と呼ぶが、同学園は中立的な「コリア語」という呼び方を採用している。語学はネイティブから学ぶことを基本とし、外国籍の教員も多い。「在日コリアン史」や「多文化共生論」「時事討論」など調査、討論型の授業があるのも特徴だ。そんな先進的な教育は順調に開花し、同校卒業後に名門ソウル大学を含む外国の大学に進学する生徒も多い。

韓国Ｋ‐ＰＯＰへの人気の高まりを受け、二〇二一年春からはＫ‐ＰＯＰ・エンターテイメントコースを設けた。中高生向けの通常の授業カリキュラムに加え、ボーカルレッスンやダンスの指導まである。二〇二二年度の同コースの入学者・編入者は約四一人で、大半の生徒は日本人だ。関東方面から入学し、寄宿舎生活を送る生徒もいる。太刀川は在日コリアンへの憎悪をもとにコリア国際学園を標的としたが、現実には多くの日本人が通っている。

生徒たちは事件をどう受け止めたのか。当時高校三年の女子生徒に話を聞いた。自身は日本籍で、母親が在日コリアン三世。事件を友人からのSNSで知った時、「最初は現実感がありませんでした」。やがて太刀川が逮捕され、ニュースで「名簿を盗むつもりだった」という供述を知り、急に怖くなったという。小さい頃は、朝鮮にルーツを持つことがうれしかった。しかし、小学校に入り式典で君が代を歌わないでいると、同級生からいきなり「韓国人やろ」と言われ、「自分はマイノリティーなんだ」と痛感した。それでも、コリア国際学園に通い始め、気持ちは変化した。周囲には日本人、在日コリアン、韓国人や中国朝鮮族の留学生もいる。自然にルーツを語ることができるようになり、誇りを取り戻した。そんな中での事件に「私は狙われる対象なのだ、と不安になりました」と話す。同種の事件をなくすためにはどうしたらいいと思うか。生徒に投げかける質問ではないと理解しつつ尋ねると、言葉を絞り出すように答えてくれた。

「多くの人がNOと言うことが大切だと思います」

「越境人」を目指して

同学園の設立を最初に呼びかけたのは、外国籍として最初に弁護士になった故金敬得《キムキョンドク》だ。和歌山県出身で、早稲田《わせだ》大学を卒業。新聞社への就職を拒否され、アルバイトをしながら勉強して一九七六年に司法試験に合格した。ところが、日本国籍以外は司法修習ができないという壁にぶつかる。最高裁に働きかけた末、外国人で初の司法修習生となり、一九七九年に弁護士登録した。金は、学園設立を前に二〇〇五年に亡くなる。金が開いた東京都内の「ウリ法律事務所」の名前は長く途切れていたが、後輩の張界満《チャンゲマン》弁護士が二〇二二年九月、都内に同じ名前の事務所を開き、復活させた。張弁護士は、被害者となった同学園を支援する弁護団に名を連ねている。

金敬得の遺志を受けた同学園の建学精神は、国籍などの境界を越えて行動できる「越境人」だ。学校設立時からかかわり、二〇一七年度から理事長を務める金淳次《キムスンチャ》（六八歳）は「グローバルな時代に、在日コリアンとしての学ぶ選択肢を増やしたかった」と話す。金は、自身が自分のルーツについて学ぶチャンスを逃した悔しさから、「言葉や文化を学ぶ」ことの大切さを痛感したという。そうした思いから学園設立に参加し、財政面でも必死に支援してきた。学校運営は至難だが「これからも支えたい」と話す。

「どんな生徒が通っているか、どんな授業をやっているのか。全く知らずに偏見のまま犯行に及んだのでしょうね」

同学園の李相創校長は、事件後に学校を訪ねた記者（鵜塚）に残念そうな表情で語った。

李は二〇一七年から同学園の教頭、校長を務める。それ以前は京都国際学園（当時は京都韓国学園）の副校長だった。韓国系の民族学校が前身で、最近は日本人生徒も多く通い、二〇二一年以降は野球部が甲子園でも活躍する。校歌が韓国語で書かれていることを理由に、ネット上では誹謗中傷も相次いだ。ウトロ放火事件の有本は、ウトロ地区住民や平和祈念館の建設に不満を抱くと同時に、京都国際学園の校歌にも嫌悪感を持っていたとされる。

李は京都市出身。小学校から大学まで日本の大学に通い、本名を名乗らず通名で過ごした。中学のころ、担任教師に「僕も教師になりたい」と話すと、「無理だ」と断言されたことが今も心の傷になっている。都道府県によって差はあるが、一九八〇年代までは外国籍の教員採用はかなり限られていた。大学卒業後、設計事務所に勤務し、一級建築士の資格を取得。知人の誘いで、京都韓国学園に移り、教育の世界に入った。父親は在日二世、母親は一世。両親とも朝鮮語なまりの日本語のため、友達によく馬鹿にされたという。そんな経験から、自身のルーツを学んで自信を持って成長してほしいという思いが強い。

「ここを乗り越えて敷地内に入ってきました」。学校を案内してくれた李は、太刀川が学校に侵入した場所も示してくれた。夜間は正門を閉めているが、学校脇には側溝がある。そこから金網をよじ登って侵入したとされている。

太刀川は、法律を破って学校の「境界」を軽々と乗り越えたが、国籍や民族という「境界」を越えて歩み寄ることはなかった。

同学園は「越境人」という設立理念に加え、こんな三つの「価値観」も掲げている。

「人を大切にする自由はありますが、人を傷つける自由はありません」
「人と違う自由はありますが、人と違うことを責める自由はありません」
「一生懸命学ぶ自由はありますが、学ばない自由はありません」

三つの事件の共通点は「反日」

ここで、被告人質問の法廷に戻りたい。コリア国際学園事件以外の二事件の背景には何があるのか。太刀川は、辻元の事務所を襲った動機を尋ねられ、「立憲民主党は、日本を滅亡に導くと思いました（中略）北朝鮮や韓国、在日韓国人たちにこびを売っていると考えていました」と答えた。創価学会については「日本を貶《おとし》める組織だと思いました」と話した。密接なつながりを持つ公明党が、ウイグル族弾圧などに端を発した対中非難決議に消極的なことなどを受け、そう考えたようだ。三つの事件に共通するキーワードはやはり「反日」だ。

意外にも、法廷に緊張が走ったのが裁判官と太刀川のやりとりだ。通常の刑事裁判では、裁判官が被告に踏み込んだ質問をする場面は多くない。しかし、この日は違った。梶川匡志《かじかわまさし》裁判官との主なやりとりを示す。

――（一連の犯行に触れ）あなたはそういうことをして、どうなると思ったのですか。

「この国から去ってくれると思いました」

――日本から追い出したかったということですか。

「(数秒、沈黙後)まあ、そうですね」

――あなたは考え方が違う人に、出て行ってくれと思うのですか。あなたがそう言われたらどうですか。

「(一〇秒以上沈黙後)それに関しては、金輪際しないと思います」

――相手の考え方は違っていても、乱暴していいわけはない。日本から追い出していいというわけではないですよね。

「あ……。はい……」


一般に裁判官は感情を抑え、冷静さを保つのが常だ。しかし、梶川裁判官は明らかに興奮し、声がうわずっていた。途中から説教のような口調に変わる。しかし、それがどこまで伝わっているかは、太刀川の答えからは判断がつかない。裁判官のいらだちが伝わってきた。


――言論で対応するという方法もありますが。

「法律ではダメだと思いました」

――暴力をふるうのは簡単だが、いい解決法ですか。
「よくはないです」
――法律がダメなら国会に陳情するとか、法律を変えるなどできるのでは。もうちょっと建設的な考え方もあったのではないですか。
「建設的な考えができませんでした」

私はこれまで何度も裁判を傍聴してきたが、この日の裁判では、太刀川に正しい道を示そうとする裁判官の熱意のようなものがいつになく伝わってきた。同時に、ヘイトクライムに対する認識の浅さも感じてしまった。表現の自由が保障された民主主義社会では、相手に対抗する際に暴力ではなく言論で対抗すべきだ。裁判官の主張は一見正しい。ただ、今回の事件は強い差別意識をもとにした犯行が繰り返され、そもそも言葉で発したとしても十分にヘイトスピーチにあたると言える。ウトロ放火事件の被害者弁護団が声明文で示したように、物理的暴力かどうかではなく、差別動機自体が厳しく問われる時期に来ている。

検察が異例の言及「差別許されない」

二〇二二年一一月一七日、検察側の論告求刑公判があった。前回の被告人質問では、太刀川自身が韓国・朝鮮や在日コリアンに対する差別意識、排外的意識を語っていた。これをふまえ検察側がどこまで踏み込むのかが注目された。

「特定の政治思想、国籍、信仰を有する者へのゆがんだ憎悪心から、各犯行に及んだ。（中略）我が国では、思想や信仰の自由は憲法で保障され、国籍による不合理な差別も許されない」

検察側は太刀川の動機に言及し、厳しい立場を示した。ヘイトクライムを構成する重要な要素である「差別」という言葉を、検察側が明確に用いたのは異例で、画期的なものだった。検察側は、創価学会と示談が成立したことなども考慮し、懲役三年を求刑した。

検察による求刑の後、被害者側の意見陳述があった。前出のコリア国際学園理事長で、企業経営者の金淳次が法廷で用意した文書を読み上げた。

「私は日本で生まれ育った在日コリアンです」

金はこう切り出し、「会社の従業員のほとんどは日本人で、多くの日本人と手を取り合い、日韓親善にも取り組んできました。（中略）コリア国際学園は、多文化が共生する学び舎であり、日本と韓国が仲良くする場所です」と語った。

そして、金は太刀川の心の奥底に必死に働きかけた。

「国籍や民族に関係なく、お互いが名前で呼び合うような在日コリアンの友人や知人がいれば、果たして太刀川君が今回のような恐ろしい事件を起こせたのだろうかとも想像します」

金は陳述の中で、太刀川のことを一貫して「太刀川君」と呼んだ。

「真に更生してくれることへの願いと、人を人として見ない無知から発する差別や偏見に対する強い怒りを込めて、太刀川誠君のことを被告という記号ではなく太刀川君という名前で呼びかけたいと思います」

金は陳述の中で事件の重大性にも触れ、はっきりと怒りを示した。

「在日コリアンを日本から排除しようという目的で当学園の名簿を狙ったと聞き、私は恐怖と不安と怒りを感じました。もし名簿が盗まれていたら、理事長である私が真っ先に襲われたのではないか。（中略）在日コリアンは反日的であると決めつけ、犯行に及んだと言うが、これらの動機は何ら正当化されません」

さらに金は、前述の太刀川のアカウント「ナメクジドラゴン」に触れ、韓国人・朝鮮人の殺害を容認するかのようなツイートを引用し、思いを語った。

「太刀川君が、ヘイトクライムにとどまらず、在日コリアンを抹殺しようとするジェノサイド（大量虐殺）まで扇動していることに、底知れない恐怖と不安に襲われています」

一〇〇年前の悪夢が再び

私は「太刀川君」と呼びかける丁寧な言葉と、ジェノサイドという暴力的な用語の間には大きな乖離《かいり》があり、ドキッとさせられた。金は忌まわしい歴史にも触れた。一九二三年九月に起きた関東大震災での朝鮮人虐殺だ。

「約一〇〇年前に実際に起こったことと本質的に何ら変わりがないことが、一世紀近くたった現代の日本で起こっているという事実に驚愕《きょうがく》せざるをえません」

結果的に犠牲者は出ていないが、特定の属性による集団を標的にし、死者が出てもおかしくない行動を起こしたという点では、過去の朝鮮人虐殺と変わらないだろう。当事者であればより切実、深刻に受け止めるのは当然だ。

金は厳罰を望むことやヘイトスピーチ、ヘイトクライムの解消、啓発の必要性にも触れ、陳述を終えた。事件の重大性を追及する一方で、全体的には太刀川という人物の更生を願い、共生社会の実現を求めるもので、実に温かみのある陳述と感じた。とはいえどこまで太刀川本人に届いただろうか。太刀川は、他の証人や陳述人の発言には反応しないことが多かったが、金の陳述の際はじっと彼を見つめているように見えた。

後日、私は金にそのことを尋ねてみた。

「じっと私の方を見ていたのが分かった。あまり好意的な視線ではないなと感じた。私の彼に対する思いがどこまで伝わったでしょうか」

金淳次は在日コリアン二世。兵庫県出身で、大阪、栃木で育った。一〇代半ばまでは在日であることを隠し、通名を名乗ってきた。中学でボール遊びをしている時、クラスメイトから「朝鮮、帰れ」とののしられた。高校卒業後に親類の勧めで、在日としての歴史や韓国語を独学。本名を名乗るようになった。現在は関東全域でパチンコ店を営み、在日韓国商工会議所副会長も務める。

理事長の金は事業を営むかたわら、俳優という別の顔も持っている。若いころに演劇に熱中し、中断期間を経て、近年再び、映画などで活躍している。二〇一九年に日本でも公開された韓国制作の映画『金子文子と朴烈』では、若槻礼次郎《わかつきれいじろう》首相役で登場した。韓国では二三五万人の観客を動員した大作だ。主人公は、無政府主義者の朝鮮人・朴烈《パクヨル》。映画は、関東大震災後の朝鮮人虐殺とその後の混乱期を生き抜く二人の姿を中心に描いている。忌まわしい負の歴史を現代に問いかける映画に出演した金だが、ヘイトクライムはスクリーンの中にとどまらなかった。一〇〇年の時空を超え、自身もまた悪夢のような差別犯罪に巻き込まれることになった。

「歪んだ正義感」による犯行

大阪地裁は、大阪の中心部・梅田の喧噪《けんそう》から少し離れた場所にある。本庁舎前には堂島《どうじま》川が流れ、対岸には、建築家・辰野金吾《たつのきんご》作の壮麗な大阪中央公会堂や中之島《なかのしま》公園がある。普段はゆったりした空気が流れる場所だが、判決公判を迎えた二〇二二年一二月八日は、朝から緊張感が漂っていた。初公判のころはほとんどいなかったマスメディアの記者の数もいくぶん増えた。検察側が論告求刑で「差別」という言葉を使ったことで、判決でも重要な言及があるのではないかと関心が高まったためだ。

午前一〇時、地裁新館の三三一号法廷に太刀川が入廷してきた。ワイシャツにスラックス姿。反省の意思を示すためだろうか。この日はほぼ丸刈りだった。

「主文、懲役三年に処する。この裁判確定の日から五年間その刑の執行を猶予する」

梶川匡志裁判官が量刑を言い渡した。実刑が回避されたことを知り、裁判に注目していた関係者や被害者らは一様に残念な表情を見せた。

判決は、太刀川がSNSの書き込みを閲覧するうちに「日本に居住する特定の国籍の者を放置すると国民が危険にさらされる」と考え、嫌がらせをするために関係者の名簿を入手する目的で犯行に及んだと指摘。「犯行は歪んだ正義感に基づく独善的なものであって、犯行に至る経緯、動機に酌量の余地は全くない」と断じた。

「他者が自らと異なる政治的な意見等を有していることは自由民主主義社会では当然であるし、それに対して嫌がらせをしたり、暴力をもって対抗することは許されない」との指摘もあった。

一見犯行を厳しく戒めているように見えるが、「差別」という言葉を用いた検察側の論告に比べて事態の受け止め方が弱くなったのは明らかだった。

判決言い渡しの後、裁判官による「説諭」があった。裁判官が被告に対しての思いを伝える場で、刑事訴訟法規則の中では「訓戒」として規定されている。

「あなたが自由な生活ができるのは、周りの人があなたに自由を与えているおかげです。あなたが周りの人の自由を許容しないと、あなたも自由にならないし、自分の身に返ってくるということ。よく考えて生活してください」

差別に厳しく向き合う判決を期待した関係者の多くは落胆した。同学園に長女を通わせる五〇代の在日コリアン三世の女性もその一人だ。多忙な仕事をやりくりし、被告人質問や論告求刑の法廷にも足を運んできた。

太刀川が住む地域と居住地はそれほど遠くない。

「もし、学校から名簿が盗まれたら、私たちも狙われたかもしれない」

そう考えるとぞっとした。女性自身は関東地方で育ち、在日として身の危険を感じるような強い差別を受けた経験はない。しかし、この事件を傍聴して気持ちが変わった。「私たちは、殺されるかもしれない」と。

女性は自身が一五歳の時に家族全員で日本国籍を取得し、それまで名乗っていた通名が本名になった。しかし、在日一世の祖母が亡くなった時、ふと考えた。日本語しか話さず、見かけも日本人と変わらない。朝鮮というルーツが完全に消えてしまっていいのか。二五歳の時、本来の朝鮮名を名乗るようになった。

判決の後、この女性は、普段つきあう日本人の友人らにメールを送った。事件の概要や判決での言及があまりに浅いことへの疑問を綴《つづ》ったものだ。反応は冷めたものだった。

「あまり怒りすぎない方がいい」

「気にしない方がいいよ」

友人らは、ウクライナ避難民の問題や外国人技能実習生への待遇の悪さなど、外国人を巡る社会問題について関心が高い人が多い。しかし、歴史的なかかわりが深い在日コリアンという外国人には冷淡で無関心だと感じるという。

揺れる司法判断

太刀川による事件の判決後、大阪地裁内で記者会見が開かれた。被害者からは、判決内容に落胆する声が相次いだ。学園理事長の金は「検察は差別犯罪としたのに、判決はそれを反映しておらず大変遺憾です」と語った。辻元事務所や創価学会への犯行も含め、「政治、教育、宗教というものに対するテロ行為と言わざるを得ない」とし、淡々とした口調の中に怒りを感じた。

同席した学園側の代理人、冨増四季《とみますしき》弁護士（京都弁護士会）も強い不満を述べた。

「執行猶予判決を出すということが、どれくらいの不安を全国の在日コリアン、マイノリティーに与えるかということを裁判官は理解しなかったのでしょう」

特に理解不足の根拠として挙げたのは、判決にある「嫌がらせ」という言葉だ。冨増弁護士は「圧倒的に日本人がマジョリティーで力を持つ社会の中で、在日はマイノリティー。そこを標的にして暴力犯罪をしたという事案です」と指摘。対等な関係の中で「嫌がらせ」をされたのではなく、圧倒的に不均衡な力関係の中で、「差別的動機に基づく暴力」が加えられた、という点を改めて強調した。

ウトロ放火事件では、検察側が有本の犯行動機について在日コリアンへの「嫌悪感」という言葉で表現し、裁判所はさらに「偏見と嫌悪感」という言葉を使い、判断を一歩「前進」させた。一方で、コリア国際学園事件では、検察側が「不合理な差別」という言葉で厳しく指摘したのに対し、裁判所は「歪んだ正義感による犯行」という言葉で判断を「後退」させた形となった。

こうした判断の「揺れ」について、同席した青木有加弁護士（愛知県弁護士会）が的確に問題を指摘した。

「（ウトロ放火事件の）京都地裁の検事、裁判官、（コリア国際学園事件の）大阪地裁の検事、裁判官で、（判断が）個別に違っている。誰が担当するかによって向き合い方が変わるという問題がよく分かった」

法律の専門家とはいえ、判断するうえでの明確な基準がなければ、それぞれが重視する観点や価値観によって、判断は揺れてしまう。両事件の裁判で示された結果は、ヘイトクライム事件を捜査、処罰するためのガイドラインの必要性を改めて浮き彫りにした。

単独で短絡化する犯行

ここまで見てきたように二〇二二年は、ウトロ放火事件とコリア国際学園という二つの象徴的な「ヘイトクライム」の判決が続いた。裁判期間も一部重なっている。両事件の関連は、明らかにはなっていないが、動機や犯行の態様で似ている点は多い。

ウトロ事件の判決後、私は改めて有本を拘置所に訪ねた際に「自身の犯行と、コリア国際学園事件関係はあると思いますか」と尋ねた。すると、こんな答えが返ってきた。

「（太刀川による事件は）何らか（私を）意識しての犯行だと思っています。これまでの主張が影響していると感じることもありますね。私が発した言葉がメディアに取り上げられ、触発されたとしても違和感がありません」

二つの深刻な差別事件が相次いだことをどうとらえたらいいのか。外国人人権法連絡会の共同代表を務める丹羽雅雄《にわまさお》弁護士（大阪弁護士会）に考えを聞いた。

丹羽弁護士は、両事件の共通点を二つ挙げた。一つ目は「単独での犯行」という点だ。

「二〇〇九年には『在日特権を許さない市民の会』による京都朝鮮第一初級学校への襲撃事件がありました。二〇一三年には東京・新大久保《しんおおくぼ》や大阪・鶴橋《つるはし》の街頭で差別的なデモが繰り返されました。いずれも集団での行動でしたが、今回の両事件は個人で計画、実行したとされています」

組織的背景を持たない単独でテロなどを起こす人物は「ローンオフェンダー」や「ローンウルフ」と呼ばれる。

二つ目は「短絡性」だ。

「二つの事件の男性とも、実際に在日コリアンに会ったこともないと語っています。それでもインターネット上で歪んだ情報を集め、一方的に憎悪を強めていったのです。特にコリア国際学園での事件では、男性はツイッターを本格的に始めてわずか一年で『行動しなければ』と考え、犯行に移したといいます。この極端な短絡さは驚きです」

最近の事件の傾向についても触れた。

「もともと過激で暴力的な人間が事件を起こすというよりも、競争社会での不安やしんどさ、困窮をきっかけに少数者への差別意識を強める事例が最近目立つように感じます」

丹羽は、これまで朝鮮学校の無償化排除や在日コリアンの無年金などの人権問題、数々の在日外国人の戦後補償にかかわる訴訟に取り組んできた。コリア国際学園事件に関する裁判には、直接関係していないが、繰り返し傍聴した。理由は、これまで手がけてきた在日コリアンを巡る人権問題と地続きであるとみているからだ。

ヘイトクライムは、現代社会が急に生んだ問題ではない。丹羽は「歴史的、構造的な問題だ」と強調する。日本政府と日本社会が、過去の植民地政策をきちんと検証、清算しないまま、やり過ごしてきた。さらに政治家をはじめとする公人が差別を放置してきた実態が、ヘイトクライムを生み出す背景にあるのだと、厳しい目を向ける。

法廷で初めて「ヘイトクライム」に言及

二つの事件について検証し、本書を書き進める中、さらなる新たな司法の動きが入ってきた。二〇二二年九月、徳島県小松島《こまつしま》市の在日本大韓民国民団（民団）徳島県地方本部に、銃撃をほのめかす脅迫文が届けられる事件があった。脅迫罪に問われた被告の初公判が二〇二三年五月一二日、徳島地裁で開かれた。被告の大学生、岩佐《いわさ》法晃《のりあき》（四〇歳）はすぐに罪を認め、この日、検察の論告求刑も行われた。検察側は論告で、「（被告は）差別的感情に基づき、一方的に怒りを募らせた」と指摘。事件について「現在、世間的にも問題となっているヘイトクライムである」と断じたうえで、「人種、民族、宗教などにかかる特定の属性を持つ個人や集団への偏見や憎悪が元で引き起こされる本件のような犯行は、いかなる理由でも正当化されるものではない」と厳しく批判した。求刑は懲役一〇月。ヘイトクライムという言葉が、検察から初めて明確に発せられた瞬間だった。

起訴状などによると、岩佐が送った脅迫文はこう綴られていた。

「反日政策ヲ続ケル様デアレバ、次ハ実弾ニ寄ル消化ニヨッテ浄化スル。民族赤報隊」

一九八七年五月三日に起きた朝日新聞阪神支局襲撃事件で、犯人が名乗った「赤報隊」を真似ている。この事件は当時二九歳の小尻知博《こじりともひろ》記者が亡くなり、未解決のままだ。言論、報道の自由を否定した歴史的な事件を軽々しく模倣した点でも悪質だと感じる。

二〇二一年分の政治資金収支報告書によると、岩佐は当時、排外主義的主張を掲げる「日本第一党」の徳島県本部で会計責任者を務めていた。徳島地検によると、岩佐はそれ以前に、民団徳島県地方本部の建物に火薬銃を発砲していた。しかし、民団関係者が全然怖がっていないと考え、恐怖を与える目的で脅迫状を送ったという。岩佐は被告人質問で、「迷惑をかけ言葉もありません」と謝罪し、動機については「韓国人のアイデンティティーを変革させなければならないと思った」と語った。

五月三一日、徳島地裁で判決が言い渡された。岩佐の犯行動機について「韓国、韓国人及び民団に対する偏見にまみれたものであるだけでなく、自らと異なる思想信条を持つ者に恐怖を与えて排除しようとする極めて独善的かつ身勝手なもの」と指摘。脅迫文書の内容についても「韓国人に対する差別意識を強くうかがわせる言葉が使われており、被害者らに自分たちの出自や所属のみによって標的にされたことを理解させ、この点においても強い恐れと不安を与えている」とした。検察が論告で用いたヘイトクライムという用語は使わなかったものの、犯行が与える影響や対象についての分析は、まさにヘイトクライムの特徴を指すものだった。

細包寛敏《ほそかねひろとし》裁判官は判決言い渡しの後、岩佐にこう説諭した。

「あなたは自分の信じたいものだけを信じているように見受けられる。違う意見を持つ人の意見もよく聞いて理解するように努めてください」

ウトロ地区での放火事件、コリア国際学園への建造物損壊事件、そして徳島民団への脅迫事件が起きた。相次ぐ事件の審理を通じ、一歩ずつではあるが、各地の検察、裁判所が判断を積み上げた。定義も処罰規定もない日本で、ヘイトクライムという枠組みがぼんやりと浮かび上がってきている。

第三章
脈々と続く差別という「暴力」

旭日旗を掲げて繁華街を進むヘイトデモの隊列（東京都墨田区で 2019 年 9 月、後藤由耶撮影）

ヘイトクライムとは何か

第一章と第二章では、露骨な差別感情をもとにして、重大な犯罪行為に及んだ直近の事例を示し、ヘイトクライムの「現在地」を考えた。

ここで改めてヘイトクライムについて整理したい。ヘイトクライムは、もともと米国でできた概念で、最初にこれを規制の対象ととらえたのは、一九六四年の米国の公民権法とされる。黒人差別撤廃を求めた公民権運動が背景になって成立した法律だ。その後、一九九〇年にはヘイトクライム統計法ができ、毎年実態を調査している。欧州でも、ホロコースト（ユダヤ人虐殺）の反省から厳しく差別犯罪を取り締まるドイツをはじめ、各国で関連の法整備が進んでいる。

一般的な定義では、ヘイトクライムは、人種や宗教など特定の属性を持つ個人や集団への差別意識をもとに実行される物理的暴力、いやがらせ、脅迫を指す。

ヘイトクライムと近い用語に、ヘイトスピーチがある。こちらは特定の属性を持つ個人や集団への差別意識を動機とする点は共通しているが、実行行為は発言や表現にとどまる。とはいえ、脅迫や名誉毀損《きそん》、侮辱などの刑法犯にもつながりかねない。悪質なものは明確な犯罪であり、一部はヘイトクライムに含まれると考えられる。

日本にはヘイトクライムを規定、処罰する法律はなく、その概念もそれほど浸透していな

憎悪のピラミッド

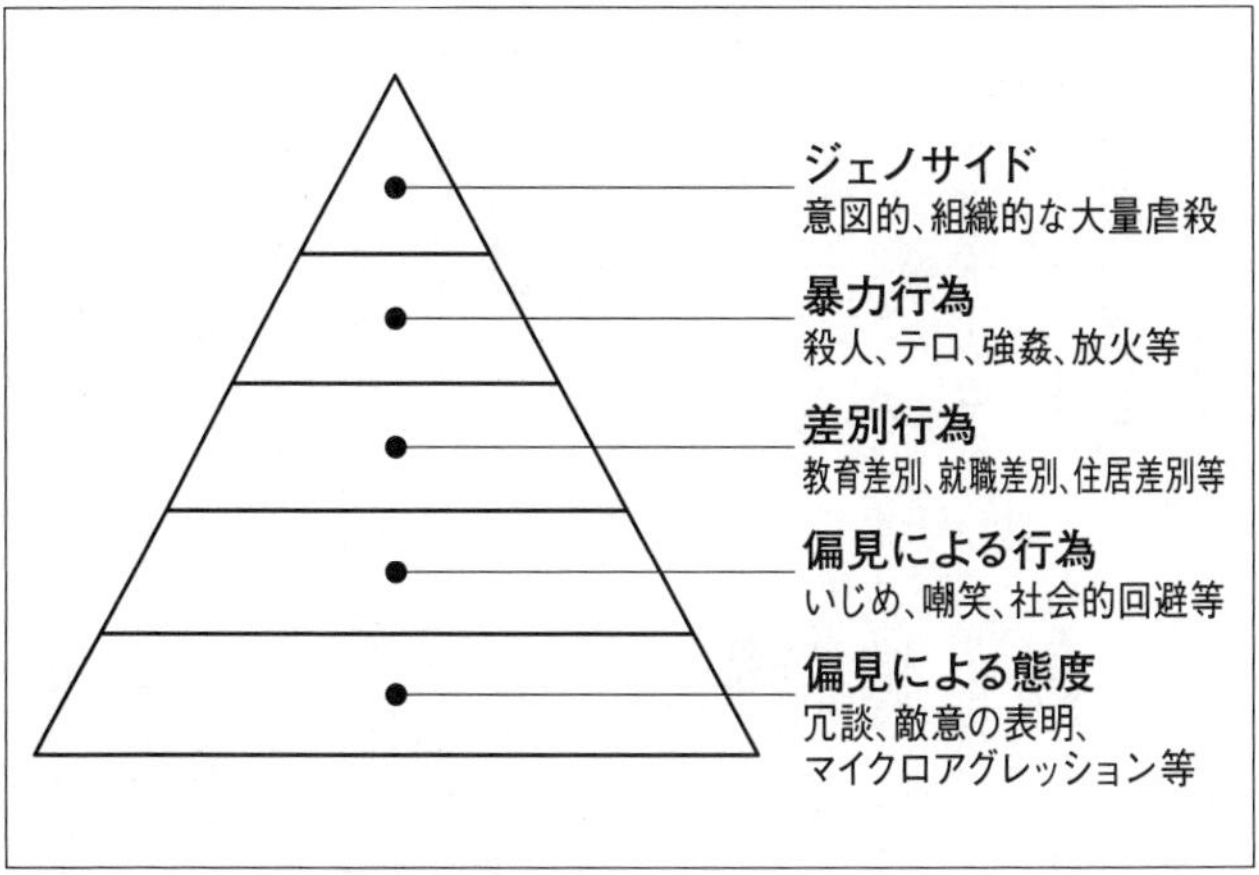

出典:Anti-Defamation League

い。ただ、第一章、第二章で示した犯罪の実態は、海外の処罰の実例に照らせば十分にヘイトクライムと言える。ヘイトスピーチについては二〇一六年五月、ヘイトスピーチ解消法が成立し、こうした発言や表現は許されないとする法律ができたが、禁止・処罰の規定は盛り込まれていない。法規制の詳しい現状、課題は第六章で後述する。

ヘイトクライムを考えるにあたって重要な概念に、「憎悪のピラミッド」(Pyramid of Hate)がある。米カリフォルニア州立大「憎悪・過激主義研究センター」のブライアン・レヴィン所長が提唱したもので、①偏見による態度 ②偏見による行為 ③差別行為 ④暴力行為 ⑤ジェノサイド(大量虐殺）――の順でピラミッドが積み上がる（図）。

一般的に軽いとみられている偏見による態度（①）を放置すると、それが誹謗中傷や嘲笑などの行為（②）として現れるようになる。ヘイトスピーチは態様にもよるが、主にここに入るだろう。さらに、次の段階では、住居差別や就職差別などの明確な差別行為（③）へとつながる。ここまでは、民事上の責任が生じる可能性はあるが、必ずしも刑事罰に問われるものではない。しかし、こうした差別行為を許していると、次の脅迫、放火、強姦などの幅広い暴力行為（④）につながり、殺人に至ってしまう。明らかに刑事責任が生じる行為だ。さらにこうした暴力行為を放置すると、悪夢のようなジェノサイド（⑤）を招いてしまうのだ。

関東大震災後の朝鮮人虐殺、独ナチスのホロコースト、ルワンダの大虐殺……。どれも人類が同じ人類に対して犯した歴史的な過ちであることは論を待たない。ただ、どれも突発的に発生するものではない。その前段階には、野放しにされたヘイトクライムがあり、ヘイトスピーチがある。さらにその背景には、日常に隠れがちな差別、偏見、先入観がある。

相次いだ朝鮮学校攻撃

ヘイトクライムという言葉が国内で使われるようになったのは近年だが、現象自体は以前から起きている。執拗に長い間繰り返されてきたのは、在日コリアンに対するものだろう。中でも悪質さが際立つのが、朝鮮学校とそこに通う児童・生徒たちへの差別だ。

北朝鮮からのミサイル発射訓練が相次ぎ、そのたびに、朝鮮学校関係者への誹謗中傷や暴力が起きている。直近で影響が大きかった事例として、二〇二二年一〇月四日の発射実験後のことを振り返りたい。

急ぎ足での通勤や通学、朝食の準備や弁当作り……。平日の誰もがあわただしい時間帯だった。一〇月四日午前七時半前、ＮＨＫをはじめとする各テレビ局の画面が一斉に切り替わった。「避難」「ミサイル」「上空」。黒い画面の背景とおどろおどろしい文字が多くの人の心をかき乱した。繰り返される「北朝鮮は今日……」というフレーズは、自然と感情の矛先を固定化する。

午前七時二二分、中距離弾道ミサイルが発射され、Ｊアラート（全国瞬時警報システム）が五年ぶりに発令され、北海道、青森県で避難が呼びかけられた。ミサイルは青森県上空を通過し、過去最長の四六〇〇キロを飛行。午前七時四四分、岩手県釜石《かまいし》市の東三二〇〇キロの海上に落下した。上空を通過するのは二〇一七年九月以来で七回目だった。

この年は発射実験が続いた年で、秋に入り一層活発化した。九月二五日からの一週間だけで短距離弾道ミサイルが計七発放たれた。Ｊアラート発令の直後、官邸に現れた岸田《きしだ》文雄《ふみお》首相は報道陣に「最近の度重なる弾道ミサイルの発射に続く暴挙であり、強く非難する」と厳しい表情で語った。二二年は大晦日《みそか》にも発射実験があり、計三七回、少なくとも七三発が発射され、過去最多となった。

Jアラートは二〇〇四年施行の国民保護法に基づき、大規模災害や武力攻撃、テロの危険性がある場合に発令される。米国の人工衛星の情報をもとに、日本政府が自治体を通じて発信し、防災無線や携帯電話、テレビやラジオの緊急番組を通じて広く伝えられる。

課題は、落下地点を正確に予測できないことと、発令後に避難しても間に合う可能性が低いという点だ。北朝鮮による弾道ミサイルの発射は、国連安全保障理事会決議で禁じられ、明確な国際法違反ではある。ただ、一連のミサイル発射は、北朝鮮に圧力を強める米国とその同盟国である日韓への威嚇の意味合いが強い。何かを破壊するのが目的ではなく、あくまで開発したミサイルの発射実験であり、落下地点も日本列島の近海を避けている。政府が四日のJアラートに関し、北海道と青森県の住民四〇〇〇人を対象にインターネット調査を実施したところ、実際に避難するなど身を守る行動をとった住民は約六%にとどまった。

実効性や必要性には議論もあるJアラートだが、間違った「効果」を発揮している現実に目を向けたい。「全国朝鮮学校校長会」の集計によると、Jアラートが発令された一〇月四日〜八日までで、全国六校の朝鮮学校で、計一一の暴行、脅迫事案があったとしている。

被害があった六校は、東京朝鮮中高級学校（東京都北区《きたく》）、長野朝鮮初中級学校（長野県松本市《まつもとし》）、四日市《よっかいち》朝鮮初中級学校（三重県四日市市）、神戸《こうべ》朝鮮高級学校（兵庫県神戸市垂水区《たるみく》）、四国朝鮮初中級学校（愛媛県松山市《まつやまし》）、九州朝鮮中高級学校（福岡県北九州市八幡西区《やはたにしく》）。

生徒への暴言と暴力

なかでもひどいのが、東京・十条《じゅうじょう》にある東京朝鮮中高級学校の中級部生徒に対する暴言、暴行だ。同校教員の鄭燦吉《チョンチャンギル》が一〇月一八日、都内の集会で報告した内容は以下の通りだ。

一〇月四日夕方、授業と部活動を終えた中級部の生徒は、友人と一緒に十条駅からＪＲ埼京線に乗った。途中で友人は下車し、一人になった。そして午後六時四五分ごろ、車内で五〇代とみられる男性から「お前、朝鮮学校の生徒だろ」と突然、声を掛けられた。生徒が黙っていると、男性は「答えろよ」と迫り、生徒の足を踏みつけた。「日本にミサイルを飛ばすような国が高校無償化とかと言ってんじゃねーよ」と暴言をはき、威嚇した。

鄭は報告の最後で、こう付け加えた。

「残念ながら、電車内で多くの大人の方々がいらっしゃいました。けれども、一人も助けてくれなかったそうです。それも悲しいと生徒は言っていました」

逃げ場のない狭い空間で憎悪と敵意をぶつけられ、孤立無縁になった生徒は、どれだけ恐ろしかっただろうか。

生徒は帰宅後、自身に起きたことを母親に伝えた。翌五日、教員同伴の下で十条駅前の派出所に被害を訴え、警視庁渋谷警察署に被害届を提出した。

同校によると、通学時の制服は日本の学校のものと大きな違いはない。ただ、カバンは学校指定で、側面には三つのペンが交差したデザインの校章がプリントされている。通称「サンペン」と呼ばれる朝鮮学校のマークだ。

事件を受け、同校は学校指定カバンの使用を停止し、自前のカバンで通学するように指導した。集団下校の形をとり、部活の時間も短縮した。こうした対応が約一カ月ほども続いたという。

この事件については、一部の新聞やテレビが伝えている。しかし、ネット上には加害者を非難するのではなく、学校や生徒に追い打ちをかけるような書き込みが目立った。

校長の尹《ユン》太吉《テギル》は、都内で一〇月二二日に開かれた集会で生徒の思いに触れた。「事件直後、生徒本人は恐怖を感じ、学校にも通えない状態でした。事件が報道されると、ネット上には加害者に対して同調するようなひどい書き込みがあふれました。生徒は、事件で苦しみ、さらにネットの書き込みによって恐怖にさらされたのです」

カミソリの刃をばらまかれた学校も

東京以外でも被害が相次いだ。四日市朝鮮初中級学校では一〇月四日午前八時ごろ、近鉄名古屋線阿倉川《あくらがわ》駅付近で、スーツ姿の四〇代くらいの男性が、登校中の児童二人と同校の男性教員に近づいてきた。「ミサイル撃つなって言っとけよ」と暴言を吐いた。また、部活動の「打楽器の音がうるさい」と大声を立てる男性もいたという。同校は四日市北署に相談し、八日まで児童生徒の登下校中の警護を依頼した。

神戸朝鮮高級学校では、ミサイル発射直後の四日午前七時五〇分ごろ、脅迫電話が二件あった。「あんたの国何してくれてんねん、ミサイル撃ちやがってあんたのとこの母国おかしいやん、教室に二人の肖像画並べて、日本から出て行け」「アンニョンハセヨ、えらいことしてくれたな。あんたらの朝鮮はおかしい。北朝鮮帰ったらいいねん」との内容だ。同校はしばらく、生徒の集団登下校や最寄り駅での教員による見守りを続け、生徒の保護と警戒に努めた。

後日、同校を訪ねると、許敬《ホギョン》校長が応対してくれた。脅迫電話にも冷静に教員が対応したといい、「差別には、慣れてしまいました。あきらめの気持ちもあります」と語った。これまでもミサイル発射や日本人拉致問題が報じられるたびに、差別行為を繰り返し受けてきた。

二〇一〇年三月には、カッターナイフが入った封筒が送られ、「このカッターナイフ、朝鮮人、よう切れるやろな」との脅迫文が入っていたという。以前、通学中の電車内で女子生徒のチマ・チョゴリが切られる被害もあった。

同校では二〇一八年にも悲しい出来事があった。北朝鮮に修学旅行に行った帰り、関西空港の税関で多くの生徒が足止めされ、軒並み土産物が没収（その後返還）されたのだ。深夜の空港で、一部の生徒が泣き出す事態になった。日本政府が科している北朝鮮への経済制裁によって、北朝鮮製品等については輸出入の制限があるが、個人で使用する日用品は対象にしていない。

今回、被害を受けた朝鮮学校の中には、校内にカミソリの刃五二枚をばらまかれた学校もあった。同校によると、早朝に教員が発見して警察に通報。その後、教員間で協議し、「模倣犯を招きかねない」として学校名を出した形での被害公表はしないことを決めた。何ら学校側には落ち度がないのに、抗議の声を上げられない。弱い被害者の側が我慢を強いられるという構造はあまりに不条理だと感じる。

駅ホームに残された差別落書き

次々に噴出した朝鮮学校への差別行為は、突発的に生じた感情で引き起こされたわけではない。日頃から抱えた差別意識が、Ｊアラートが引き金になって可視化されたとみるのが自然だろう。

生徒への暴言、暴行があった東京朝鮮中高級学校に関連しては、少し前にも重大な事件が起きていた。同校には首都圏各地から生徒が通う。その多くは電車通学で、最寄り駅はＪＲ埼京線の十条駅だ。一駅隣の赤羽《あかばね》駅はターミナル駅で多くの生徒が乗り換えで利用する。

二〇二二年九月九日は休校日だったが、高級部三年の金載舜《キムチエスン》（一八歳）はラグビー部の練習のため学校に向かっていた。

午前一一時ごろ、乗り換えで赤羽駅の埼京線ホームに立っていた金は、ふとホームの側壁に張られた黄色い横断幕に目をやった。点字ブロックの上を塞がないように「ご存じですか？　点字ブロック」「物を置かない！　立ち止まらない！」などと注意を呼びかけたものだ。ただ、よく見ると横断幕の右上部に赤い文字で何かが書かれているのが見えた。「朝鮮人コロス会」。その瞬間、体がこわ張り、鼓動が速まった。極度に緊張した状態で学校に向かった。

次男から話を聞いた母親の李正愛《リジョンエ》（五〇歳）が動いた。九月三〇日午後、文部科学省前に立ち、差別落書きについて報告し、怒りと悲しみを言葉にした。朝鮮学校への高校無償化適用を求めて毎週金曜に実施される「金曜行動」の場だった。参加者には、学校関係者や保護者だけでなく、無償化排除に疑問を持つ日本人も多い。

これを聞いていた東京純心大の佐野《さの》通夫《みちお》教授（教育学）も反応した。赤羽駅の現場を確認して駅に通報すると、駅員が落書きを消した。佐野は取材に対し、「(京都府宇治市）ウトロ地区への放火事件の後にこんなことがあると、落書きの内容は単なる言葉ではなく、危険を感じます」と語った。

JR東日本は差別落書きを把握した直後に、東京法務局に報告した。その後、法務局と連携する形で駅構内数カ所に、法務省作成の「ヘイトスピーチ、許さない。」と大きく書いたポスターを掲示した。

視覚障害者に配慮した横断幕のメッセージは、誰もが暮らしやすい包摂的な社会を目指して掲げられたものだ。その理念を真正面から否定したのが愚劣な七文字だった。

「行き交う人がすべて敵に見えた」

問題の差別落書きが消されたのは、発見から三週間後だった。金載舜は発見した直後、家族と数人の友人には伝えたものの、警察や駅員には通報しなかった。

なぜ通報しなかったのか。そこには複雑な思い、葛藤《かっとう》があった。差別落書きが消された翌日に書いた金の手記（一部略）を母親の了解の上で紹介したい。

ボールペンで書かれたと思われる赤い文字で、「朝鮮人コロス会」と刻まれていた。誰かが本当に自分の命を狙っているのかもしれないと、その赤い文字を見てから学校に着くまでは異常なほど周りを警戒し、行き交う人すべてが敵に見えた。

通報もできたし、駅員に言うこともできた。なぜしなかったのだろうか。今考えるとあまりにも僕たち朝鮮人が差別やヘイト、偏見に慣れて、順応していたからだと思う。

僕の母親が朝鮮学校の高校無償化除外に反対する街頭宣伝でこの事を話した。すると、この話を聞いた日本人の方々がこのような行為は在日朝鮮人の生存権、民族的尊厳を傷つけることだと抗議し、直接赤羽駅まで行って赤文字を消すように促してくれた。

僕たち在日朝鮮人が今現在受けている差別やヘイトは、民族の尊厳を侵害し、生きる権利を奪い、人権を否定する「悪」そのものなんだ、と再認識した。

そして日本の方々の勇気ある行動を見て、「悪」に対しては徹底的に闘わなければならないし、僕たち在日朝鮮人にはこのように心強い日本の同志がいるのだと強く思った。僕はかならずこの不条理な日本社会を平和で、共に手と手を取り合いながら生きていける美しい社会にしたい。

李正愛は、次男の金載舜から事態を聞き、深く考えさせられたという。

「どうせこんなものだろうという社会への諦《あきら》めというか、被害に慣れてしまっていた。すぐに通報し、落書きを撤去させなくてはいけなかったのです」

李は自身も朝鮮学校の出身で、「（女子生徒の制服である）チマ・チョゴリを着て通学することは誇りだった」と振り返る。現在、女子生徒は登下校の際はブレザーを着用し、校内でチマ・チョゴリに着替えている。チマ・チョゴリの切り裂き被害を心配する保護者らの要望を受けたものだ。

特に一九九四年は、通学中の女子生徒が制服のチマ・チョゴリを切り裂かれる事件が各地で続発した。北朝鮮の核施設疑惑が連日報じられた時期だった。混雑した電車内や駅で、そでや背中、スカートの部分などが刃物で切り裂かれた。石を投げられたり、蹴《け》られたり、暴言を吐かれたりする被害も生じた。東京朝鮮中高級学校の生徒も多く被害に遭った。

李は今回の差別落書きを目の当たりにし、「当時の保護者たちの気持ちが分かった。胸が引き裂かれる思いです」と語る。刃物での切り裂き、殺害を予告するかのような落書き、どちらも命を脅かす脅迫である点は共通する。

差別落書きがメディアで報じられると、「自作自演だ」などとする投稿がネット、ＳＮＳ上に次々に現れた。ネットの利用は欠かせない現代。見たくなくても投稿は目に入る。

「子どもは差別落書きを見て傷つき、ツイッターやヤフコメを見てさらに傷ついています。

切り裂き事件の時よりも状況は悪くなっています」

李は危機感を強める。

「実際に人が殺される事件が起き得る状況で不安です。朝鮮学校に通わせることに抵抗感を持つ親もいると思います」

「Jアラート」をきっかけに

ヘイトスピーチやヘイトクライムを問題視する研究者や弁護士らで作る「外国人人権法連絡会」（共同代表・田中宏《たなかひろし》、丹羽雅雄）は、Jアラートが発出された二〇二二年一〇月四日午前七時二七分から午後一一時五九分まで、ツイッター上のヘイトスピーチについて調べた。

「薄汚い朝鮮人共の巣など地球に不要」

「もう我慢ならない。在日朝鮮人（南北）全員を北朝鮮に強制送還せよ」

まず目立つのが、こうした日本社会から在日コリアンを排斥するような言葉だ。

「なんじゃおら！　めった刺しにしたろかい！　朝鮮人コラ」といった、ジェノサイドに直結しかねない書き込みも多い。なかには「在日朝鮮人が裏の井戸に毒を入れていないか見てこないとならんな」という言葉もあった。関東大震災の直後、「朝鮮人が井戸に毒を入れた」というデマがきっかけで、朝鮮人が多数虐殺された。そんな忌まわしい過去を楽しむかのような書きぶりだ。私たちの社会は一〇〇年の間、一体何を学んできたのだろうか。

朝鮮学校への誹謗中傷も相次いだ。

「朝鮮学校は北朝鮮系なので、自宅近くに学校ある方は気を付けて下さい。生徒が武装する可能性があります」

「朝鮮学校にダイナマイト投げ込みに行こうかな?」

こうした状況を深刻に受け止め、外国人人権法連絡会は、Jアラート発令の二日後の一〇月六日、国や自治体に対策を求める声明を発表した。日本が加入する人種差別撤廃条約では「あらゆる形態の人種差別を非難、防止し、終了させることを責務とする」と規定している。これに基づき、声明では、国や自治体はヘイトスピーチやヘイトクライムを許さないという姿勢を明確に示し、朝鮮学校周辺を警備強化するなどの具体的行動をとることを求めた。

同連絡会は朝鮮学校関係者、支援する市民団体とともに一〇月一八日、法務省を訪れ、人権擁護局人権擁護推進室の職員と面会した。在日コリアンに対するヘイトクライムを止めるための直接行動をとるよう要請し、声明を手渡した。声明への賛同団体は、各分野の人権団体や大学、宗教法人など計二二六団体(一〇月一七日現在)に上った。

同推進室は二〇日、公式アカウントでツイート。「他の民族や外国籍の人々に対して、誹謗中傷する投稿や落書きをしたり、嫌がらせをすることは、人権侵害のおそれがあります。

良識のある行動をとり、互いの人権を尊重し合う社会を共に築きましょう」と呼びかけた。

差別に基づく行為や犯罪は人権上、絶対的に許されないものだが、「人権侵害のおそれ」や「良識のある行動を」という言葉からは、どこか危機感の薄さが伝わってくる。

ここで時間も空間も越え、アフリカ中部ルワンダで一九九四年に起きた出来事を考えたい。この国では、もともと多数派フツ族と少数派ツチ族が共存していた。しかし、九四年四月にフツ族の大統領が乗った航空機が撃墜されたことを契機とし、政治対立が激化する。ラジオ局は「ツチ族はゴキブリ」「抹殺せよ」と呼びかけた。これに扇動されたフツ族の市民はナタやカマを手に取り、ツチ族住民を殺害した。ツチ族を擁護しようとするフツ族穏健派も犠牲になった。死者は八〇万人に上るとされる。特定の民族を根絶やしにすることはエスニック・クレンジング（民族浄化）と言われる。

ラジオを通したヘイトスピーチが「犬笛」となり、多くの人が扇動され、ジェノサイドは起きてしまった。その後、ルワンダは凄惨《せいさん》な歴史を克服し、今ではアフリカのＩＴ大国の一つとして成長し、政界への女性進出が進んだ国でも知られる。確認したいのは、著しく過激な人たちによる特殊な出来事ではないという点だ。メディアによる差別の扇動が時に市民を変貌させてしまうのだ。

住民を守るのが目的である日本のＪアラートが、本来の役割とは離れ、結果的に特定の属性の人たちを危険にさらしている。幸い命を奪うような行為はまだ起きていないが、ネット上には虐殺を呼びかける書き込みがあふれている。Ｊアラートを「犬笛」にしてはならない。

問われるメディアの姿勢

デジタル時代を迎え、どんなメディアの情報であってもその真偽や本来の目的とは関係なく、時に絶大な影響力や波及力を持つことがある。だからこそ、情報の伝え方、メディアのあり方を深く考える必要があるだろう。Ｊアラート発令後、テレビの緊急番組はミサイルが海上に落下した後もしばらく流れ続けた。不可欠な情報を伝えることは重要だが、必要以上に不安を煽《あお》っていないか、きちんとした検証が求められる。

北朝鮮の行動をどういう言葉で伝えるかも重要だ。一般に「ミサイル発射」と伝えられると、特定の攻撃目標を定め、破壊力のある爆薬を積んで飛ばすというイメージを持たれてしまう。一部はＥＥＺ（排他的経済水域）内に落下したが、領海内に落下したものはなく、攻撃目的ではないのは明らかだ。北朝鮮の行動は、主に米国に対する威嚇と、ミサイル開発の実験・検証する狙いが強い。事前に通告があるなしの違いはあるが、世界各国はあちこちで同様のミサイル発射実験を繰り返しているのも事実だ。

北朝鮮が日本海に向けて初めてミサイルを飛ばしたのは一九九三年五月。「ノドン」と呼ばれるミサイルが発射された。この時は日本政府が確認したのは約二週間後で、毎日新聞ではミサイルの「発射実験」または「試射」という言葉を使っていた。

その後も北朝鮮はミサイル開発を進め、次第に飛行距離を伸ばした。脅威の大きさは格段に増しているが、実験であることは今も変わりはない。

北朝鮮によるミサイル発射実験は前述の二〇二二年に続き、二〇二三年に入っても続いた。二月一八日午後五時二一分にもＩＣＢＭ（大陸間弾道弾）級のミサイルを放ち、メディア各社は「ミサイル発射」と報じた。その一カ月以上前の二月九日、米軍はＩＣＢＭ「ミニットマン３」を放ったが、各社は「ミニットマン発射」「ＩＣＢＭ発射」と報じている。「ミサイル」という用語はどうしても攻撃的な印象を伴うので避けたとみられる。

北朝鮮のミサイル発射実験が実行されると、日本のマスメディアは、日本海や太平洋で操業する漁業関係者の不安の声を伝え、北朝鮮の行為がいかに危険かをことさら強調する。ただ、米国のミサイル実験の場合も、南洋マーシャル諸島周辺に落下している。国交のない北朝鮮と同盟国である米国の行為を全く同等に扱うことはできないが、ある程度客観的に判断し、冷静さを保った報道姿勢が求められるのではないだろうか。

北朝鮮は二〇二三年五月二九日、人工衛星を近く発射すると通告し、国際海事機関（ＩＭＯ）にも伝えた。三一日早朝、北朝鮮は人工衛星を打ち上げたが、失敗に終わった。日本政府は、領域内に落下する危険性があるとして事前に破壊措置命令を出して警戒し、当日にはJアラートを流した。人工衛星は通常ロケットの先端に搭載し、ミサイルと技術的には変わらないため、日本のメディアは「弾道ミサイル発射」と伝えた。

この六日前の五月二五日、韓国が人工衛星の発射を成功させ、日本メディアは「人工衛星、発射成功」と報じた。北朝鮮の人工衛星と同様、沖縄周辺の上空を飛んでいるが、破壊措置命令の対象にはなっていない。

在日本朝鮮人人権協会の金東鶴《キムトンハク》は、在日コリアン差別をテーマに四月一日に開かれたオンライン集会で、こうしたメディアの姿勢に言及した。「同じ行為をしても日米韓と北朝鮮では表現が違う。こうした報道が過剰に北朝鮮の危機を煽り、悪魔化していると言える」とし、さらに「憲法改悪や日本の軍事強化の追い風にもなり、政府と共犯関係になっているのではないか」と問題視した。

北朝鮮のミサイル発射実験の前後は、米韓合同軍事演習や日米韓共同訓練などが実施されている場合が大半だ。ミサイル発射という一局面だけを扇情的に報じるのではなく、北朝鮮側を追い詰める外交・安全保障の全体像についてもっと丁寧な報道が求められている。

マスメディアは、表現や発信の方法次第で、社会に絶大な影響力を与えてしまうことをもっと自覚すべきだろう。二〇二二年一二月一六日、多くのメディアは、政府が「反撃能力」

を合法化する安全保障関連三文書を閣議決定し、大幅な防衛費増額の方針を決めたと伝えた。

政府は当初、「敵基地攻撃能力」という言葉を用いていたが、途中から「反撃能力」という言葉に切り替えた。日本国憲法第九条の専守防衛の理念に触れる可能性が高く、国民の反発の高まりを避ける狙いがあるのは明らかだ。本来、権力を監視する役割のメディアはこうした欺瞞《ぎまん》的な用語の変更に敏感であるべきだが、報道各社が政府の「すり替え」に簡単に同調してしまった。北朝鮮の「発射実験」を「発射」と表現することで、実態以上に印象を悪くするのとは全く逆の構図と言えるだろう。権力側の意図を見抜き、印象操作に加担しないためには、私たちも含めてメディアの胆力が問われている。

終戦直後から続く朝鮮学校差別

Jアラートの直後に可視化された朝鮮学校への攻撃は、最近始まったものではない。ここでその長い歴史をたどりたい。一九一〇年の日本による韓国併合後、朝鮮半島の人々は日本名を名乗らされ、日本語の使用を強要された。強制的な形を含め、多くの朝鮮人が海を渡った。太平洋戦争では皇国臣民とみなされ、朝鮮人も日本兵として徴用され、命を落とした人も少なくない。そして一九四五年八月一五日、日本は敗戦を迎える。戦勝国米国の支配下となり、朝鮮半島に戻る人もいたが、混乱や貧困が続く中で日本に残る選択をした朝鮮人も多くいた。真っ先に始めたのが、民族性を取り戻すことだった。

戦後まもなく、「国語講習所」という民族学校が各地にできた。朝鮮総連のホームページによると、一九四六年一〇月までに全国各地には五二五校の初等学院、四校の中学校、一〇校の青年学校が設立された。しかし、日本政府はGHQ（連合国軍最高司令官総司令部）の指導の下、民族教育への弾圧を強め、一九四八年一月には「朝鮮人設立学校の取扱いについて」との通達を出す。いわゆる朝鮮学校閉鎖令だ。これに反発する朝鮮人と行政が対立。特に大阪、兵庫では四月に入り、後に「阪神教育闘争」と呼ばれる激しい衝突が起きた。四月二六日には、当時一六歳の朝鮮学校生徒、金太一《キムテイル》が大阪府庁前で警察に射殺された。神戸では、関係者一万五〇〇〇人が兵庫県庁近くに集まったとされ、戦後初の非常事態宣言も出された。

確認しておきたいのは、当時の朝鮮人の位置づけだ。朝鮮人は台湾人とともに、敗戦までは強制的に日本人とされながら、一九五二年のサンフランシスコ講和条約の発効後は一方的に日本国籍を「離脱」させられ、外国人とされた。にもかかわらず、朝鮮人としての独自の教育は許されず、日本の学校で日本語による教育を受けることを求められた。

一九六五年一二月、政府は文部次官通達を出し、「朝鮮学校を各種学校とすべきでない」と各自治体に求めた。そうした差別、弾圧を受けながらも朝鮮学校は各地で存続した。当初は一切存在が認められなかった朝鮮学校だが、やがて「各種学校」として認められるようになった。

ただ、日本の学校のような学校教育法第一条で定める「一条校」ではない。制度上の壁で排除されることも依然多かった。朝鮮学校の生徒は長い間、国鉄・JRの通学定期券を購入できず、国立大学の受験資格もなかった。部活動ではインターハイ（全国高等学校総合体育大会）への出場資格がなかった。こうした不当な差別も、メディアの報道や世論の後押しで徐々に改善していく。通学や受験での不利益は次第に解消され、インターハイの壁もなくなった。ボクシングやサッカー、ラグビーでは朝鮮学校の全国レベルでの活躍が目立つようになった。

そうした前向きな変化が生まれる一方で、日本と北朝鮮との関係悪化が次第に教育現場に影を落とすようになる。北朝鮮によるミサイル発射実験、核開発の進展、日本人拉致問題の発覚……。二〇〇二年には小泉純一郎《こいずみじゅんいちろう》首相が日本の首相として初めて北朝鮮訪問を果たし、日朝和解のきざしも一時生まれたが、淡い期待は消えていく。

「在特会」による朝鮮学校襲撃事件

「北朝鮮のスパイ養成機関、朝鮮学校を日本から叩《たた》き出せ」「スパイの子どもやないか」「密入国の子孫」
悪夢のような事件が起きたのは二〇〇九年一二月四日だ。今もネット上には信じがたい光景を記録した動画が残っている。現場となったのは、京都朝鮮第一初級学校（京都市南《みなみ》区、その後改称して移転）。JR京都駅南側には在日朝鮮人が集住する東九条《ひがしくじょう》地区があり、学校は地区の南端に位置していた。

差別発言、誹謗中傷を大音量でまき散らしたのは、「在日特権を許さない市民の会（在特会）」のメンバーらだ。在特会は第一次安倍晋三政権だった二〇〇七年一月に発足した。

事件の経過については、ジャーナリスト中村一成《なかむらいるそん》の『ルポ　朝鮮学校襲撃事件〈ヘイトクライム〉に抗して』に詳しい。主に関西在住の在特会のメンバーら一一人が校門前で「開けろ」と要求。門の前には、学校を守ろうと教員たちが立ちはだかる。メンバーらは一通り、学校や生徒に対する罵詈雑言を浴びせた後、行動に出た。同校はグラウンドを持っておらず、長い間、京都市の了解のもとで約半世紀にわたり体育の授業などで公園を利用してきた。この点を取り上げ、「不法占拠」だと主張し、公園内に同校が設置したサッカーゴールを引き倒し、スピーカーのコードをニッパーで切断。さらに朝礼台を校門前まで運んで「引き取れ」と迫った。

強い違和感を覚えるのは、学校の通報を受けて駆けつけた警察官らの姿勢だ。動画を見ると、明らかに脅迫と言える行動にほとんど制止する様子がみられない。メンバーらと学校関係者が接触しそうになる場面では、かろうじて警官が間に入る場面があったが、それ以外はほぼ黙認だった。ヘイトスピーチやヘイトクライムが法規制の対象ではないとはいえ、大声での差別と罵詈《ばり》雑言は明らかに尋常ではなく、後に刑事罰に問われることになる。

この日は同校のほか、滋賀朝鮮初級学校など周辺の朝鮮学校との交流会を実施しており、校内には普段より多くの子どもが集まっていた。大音量での差別発言で脅され、泣き出す児童もおり、半ばパニック状態になった子もいたという。学校側は京都府警に告訴状を提出した。在特会のメンバーらは翌二〇一〇年にも二回にわたり、学校周辺でヘイトスピーチをまき散らした。

ヘイト追及の限界と成果

京都朝鮮第一初級学校に対する一連の事件は、刑事、民事の両面で責任が問われた。京都府警は中核となるメンバーら四人を逮捕し、京都地裁は二〇一一年四月、威力業務妨害罪や侮辱罪で、いずれも執行猶予付きの有罪判決を言い渡した。学校側は当初、名誉毀損罪などで告訴したが、より処罰の軽い侮辱罪に格下げされて立件された形だ。

ちなみにこのうち一人の男性は二〇一七年四月二三日、初級学校が移転した跡地で、「ここに日本人を拉致した朝鮮学校があった」などと再びヘイトスピーチを展開。これについて、京都地裁は、学校の名誉を傷つけたとして、名誉毀損罪の成立を認め、罰金五〇万円の支払いを命じた。ヘイトスピーチに名誉毀損罪が適用された全国初の事例とみられている。

一方、画期的だったのは民事訴訟だ。京都地裁は二〇一三年一〇月七日、一連の差別的な発言・行為は「人種差別にあたる」と明示し、在特会のメンバーらに計一二二六万円の損害賠償を命じた。さらに学校から半径二〇〇メートル以内での街宣活動の禁止も言い渡した。判決ではヘイトスピーチやヘイトクライムという言葉は用いられなかったが、事実上「ヘイト」が認められ、原告側の全面勝訴に近い内容となった。

意義深いのは、人権差別撤廃条約（一九九五年加入）を引用し、以下のように指摘した点だ。「本件示威活動における発言は，その内容に照らして，専ら在日朝鮮人を我が国から排除し，日本人や他の外国人と平等の立場で人権及び基本的自由を享有することを妨害しようとするものであって，民族的出身に基づく区別又は排除であり，人種差別撤廃条約1条1項にいう『人種差別』に該当するものというほかない」

日本政府は、国際間で取り決めた数多くの人権条約に加入しており、本来、国内法はより上位にある条約の理念を尊重しなければならない。しかし、日本国内の裁判で、判決内容に国際条約の理念が引用されるケースは極めて少ない。

在特会のメンバーらは朝鮮学校を目の敵にしてきた。その矛先は、学校の教員や子どもだけでなく、彼らを支援、支持する日本人にも向けられた。二〇一〇年四月、在特会のメンバーら二〇人ほどが徳島県教職員組合（徳島市）に押しかけ、書記局事務所に侵入した。女性組合員らに対して、マイクを通じて「募金詐欺」などとがなり立て脅した。同組合が集めた募金の一部を四国朝鮮初中級学校（松山市）に寄付したことを問題視したのだ。組合は、募金する際に「外国籍の子ども支援」と掲げており、完全な言いがかりだった。

この事件の関係者は、京都朝鮮第一初級学校襲撃事件の関係者と多くが重複し、併合して審理された。七人が威力業務妨害罪、建造物侵入罪などに問われ、有罪が確定した。これも民族差別を動機として起こした刑事事件であり、ヘイトクライムと言えるだろう。

女子中学生による「鶴橋大虐殺」スピーチ

日中の住宅地で子どもらを標的にして実行された京都朝鮮第一初級学校事件は、ヘイトスピーチ、ヘイトクライムの卑劣さを広く世間に知らしめた。刑事、民事の両面で一定の責任追及がなされ、その後の抑止効果が期待された。しかし、言葉を失うような醜い光景が、今度は白昼の街中で堂々と展開されることになる。

JR大阪環状線の鶴橋駅は、ホームを降りた瞬間に香ばしい匂いが漂う。駅周辺は狭い路地が発達し、在日コリアンが営む焼肉店や韓国食材店が多く立ち並ぶ。地元の大阪市生野《いくの》区は住民の二割以上が外国籍で、その多くを戦前から戦後にかけて移り住んだ在日コリアンが占める。

「いつまでも調子に乗っ取っとったら、南京大虐殺じゃなくて、鶴橋大虐殺を実行しますよ」

二〇一三年二月二四日の日曜日、鶴橋駅前でマイクを握って声を張り上げたのは、女子中学生だった。「鶴橋に住んでいる在日クソチョンコの皆さん」と呼びかけ、「殺してあげたい」「死んで欲しい」などと繰り返し発言した。中学生の父親は、数々の事件で有罪判決を受けている保守系団体幹部だった。父親に同調した行為とみられるが、発言内容の重大さは、容認できるレベルを超えている。この動画は今もネット上に残っている。

おぞましい光景に立ち会った人は少なくない。近隣に住む在日コリアン三世の姜秀一《カンスイル》（五二歳）もその一人だった。

「散歩がてらに駅周辺を歩いていたら、彼らの声が聞こえてきたんです。チョーセンとか、コロスとか。耳を疑うと同時に、急に気分が悪くなってきて……」

一時は立っているのもしんどくなったが、逃げるように立ち去ったという。

姜は大阪で生まれ育ち、強烈な差別体験はない。小学校から大学まで日本の学校に通い、韓国語は今も十分に話せない。それでも自身のルーツを否定され、命まで脅かされた思いがし、強い衝撃を受けた。

「戦後これだけ長い間経ても、日本社会に残る在日コリアンへの差別的な見方は変わらないのか」

姜がそれだけ深く考える理由には、伯父の存在があった。二〇二一年三月に九六歳で亡くなった李鶴来《イハンネ》だ。李は第二次大戦中、タイとビルマを結ぶ泰緬《たいめん》鉄道の建設現場で、旧日本軍の軍属の立場で捕虜監視員として働いた。戦後、BC級戦犯に問われて死刑判決を受けたが、後に減刑、釈放された。その後、タクシー会社を営むかたわら、同様の戦犯者らで「同進会」を結成して活動。日本政府に謝罪と補償を求めて法廷で闘ったが、最高裁で敗訴が確定した。「日本人」軍属として裁かれ、戦後は外国人として援護対象から除かれた。BC級戦犯に問われた朝鮮半島出身者は一四八人おり、このうち二三人の死刑が執行された。李は仲間の無念を忘れまいと刑死者の名簿を晩年ずっと胸ポケットに入れていたという。

「日本浄化デモ」への抵抗

同じ時期、首都圏では東京・新大久保に並び、川崎《かわさき》で差別的なデモが繰り返されていた。川崎は臨海部に多くの工場が立ち並ぶ。JR川崎駅からバスで一五分ほどの場所にある同市桜本《さくらもと》地区は、在日コリアンの集住地域として知られる。

二〇一三年ごろは、JR川崎駅前で在日コリアン排斥を叫ぶヘイトデモが繰り返されていた。やがて桜本地区が標的にされるようになる。まず二〇一五年一一月八日と二〇一六年一月三一日の二度にわたり、大規模なヘイトデモが行われた。いずれも主催する排外主義の男性らが、告知サイトに「予告」を掲載した。

〈反日汚鮮の酷い川崎発の【日本浄化デモ】を行います〉

朝鮮の「鮮」をあえて使って「反日汚鮮」と表現し、差別意識を前面に出した。一一月八日は冷たい雨が降る中、旭日旗《きょくじつき》を掲げるなどした十数人が集まり、集合場所の公園から桜本地区へと向かった。一方で、一〇〇人を超えるカウンターと呼ばれる市民が「差別をやめろ」と抗議。桜本地区に入る寸前で、デモ隊は進行方向を切り替えて桜本から離れた。

「第二弾」の一月三一日は六〇人ほどのデモ隊が参加した。「ゴキブリ朝鮮人は出て行け」などの差別発言が繰り返された。カウンター側も数百人規模に増え、一部の参加者が横断歩道上に寝転んで桜本への進入を阻止。この日もデモ隊は地区への進入を断念し、川崎駅方面へと進路を変えた。

これらのデモで、強く抗議の声を上げたのが、地元の多文化交流施設「川崎市ふれあい館」の職員で在日コリアン三世の崔江以子《チェカンイヂャ》だ。職場を訪れると、放課後の時間を過ごす大勢の小中学生であふれていた。子どもたちが崔を深く慕っているのが伝わってくる。崔は一九七三年に桜本で生まれ、この地で育った。高校時代までは日本名で生活していたが、ふれあい館を訪れた際、同世代の在日コリアンの子が本名で当たり前に日本人の子どもに接している場面に出会い、自身も「本名宣言」した。その後、韓国留学を経て一九九五年からふれあい館に勤務する。地区周辺は在日コリアンだけでなく、フィリピンや南米の出身者も多い。ふれあい館はさまざまなルーツの住民による街づくりを目指そうと一九八八年に川崎市が設置した。

崔は当時のデモを「絶望的な光景でした。地域で暮らす在日コリアンの一世や子どもを守らなくてはと思いました」と振り返る。「第二弾」のデモの前には、崔を含む地域の仲間たちが市民団体「『ヘイトスピーチを許さない』かわさき市民ネットワーク」を結成。地元の警察にヘイトデモのために道路使用許可を出さないよう要請し、川崎市にもヘイトデモの出発点である公園をデモ主催者に貸さないよう求めた。ただ、どちらも「(不許可にする) 根拠法がない」とし、具体的な対策は取られなかった。

差別的なデモにさらされた崔は、二〇一六年三月一六日、ヘイトスピーチで人権を侵犯されたとして、被害救済や予防措置を講じるよう求める申告書を横浜《よこはま》地方法務局に提出した。

川崎で頻発するヘイトデモとそれに対する抗議行動は政治も動かした。国会は本格的にへイトスピーチ対策の検討に乗り出し、二〇一六年六月三日、「ヘイトスピーチ解消法」が施行された。

しかし、法制化をあざ笑うかのように「第三弾」のデモが予告された。かわさき市民ネットワークは解消法の趣旨をふまえ、警察と市に再び対策を要請。川崎市はデモ主催者に公園を貸さない決定を下す。横浜地裁川崎支部も、「市ふれあい館」を運営する社会福祉法人青丘社による仮処分の申し立てを受け、主催者の男性に桜本地区でのヘイトデモを禁じる決定を出した。

「第三弾」当日の六月五日、主催者の男性は、デモのルートを桜本地区から約八キロ離れた川崎市中原区《なかはらく》に変更してデモを強行した。しかし、数百人の市民らが駆けつけ、道路に座り込んで進行を阻止した。警察の説得もあり、約一〇メートル進んだところでデモ隊は行進を中止した。デモが完全に押さえ込まれたのを見た崔は「法によって守られる存在だと分かった」と安堵《あんど》し、「絶望が希望で上書きされました」と涙を流した。

刑事責任追及の難しさ

住民とカウンターと呼ばれる市民の抗議活動、ヘイトスピーチ解消法の成立を受け、川崎での露骨なヘイトデモは次第に減少していった。しかし、今度は崔を標的にしたヘイトクライムが繰り返された。

攻撃の矛先は崔だけでなく、崔の長男である中根寧生《なかねねお》にも向かう。親子の実名を挙げ、「嫌なら即刻出て行け」などの差別投稿がネット空間にあふれた。

崔はさらに動いた。二〇一六年八月、まず横浜地方法務局にネット上の差別書き込みに対する削除要請をした。成立直後の解消法が後押しし、法務局は一一月までに「人格権の侵害があった」と判断し、サイト運営事業者三社に差別的な投稿の削除を要請した。アメーバブログを運営するサイバーエージェントはすぐに削除に踏み切り、ツイッター社は取材に対し、「ヘイトスピーチ解消法の成立を受け、法務局が違反していると判断したものに関しては対応する」などと答えた。

崔は悪質な差別投稿に対し、刑事告訴に踏み切った。二〇一六年八月に脅迫容疑で告訴した相手は五〇代男性だ。男性は「極東のこだま」と名乗る匿名のツイッターアカウントで「朝鮮の泣き女」「差別の当たり屋」などとたびたび投稿していた。神奈川県藤沢《ふじさわ》市在住だが、崔の拠点である川崎市に住んでいるように装い、「(崔と) すれ違うかもしれないから通報しやがれ」と脅した。中根の実名を書き込んだり、「ナタを買ってくる」などともツイートした。アカウントのプロフィール欄には「生涯一ヘイトマン。ヘイトスピーチ、レイシズム(筆者註・人種差別主義)、だから何?」と書かれ、差別行為を楽しんでいるかのようだ。

崔の告訴を受け、神奈川県警は二〇一八年五月、男性を脅迫容疑で書類送検したが、横浜地検川崎支部は二〇一九年二月に不起訴処分とした。同年一二月、川崎区検は神奈川県迷惑行為防止条例違反罪で略式起訴し、川崎簡裁は三〇万円の略式命令を出した。

崔の代理人、師岡康子弁護士は、軽微ながら罪に問われたことを評価したうえで、「差別自体を犯罪として処罰する規定がなければ、ヘイトスピーチの抑止には不十分だ」と限界を指摘した。

匿名アカウントの男性を特定するためには、ツイッター社から発信者情報を入手する法的手続きが必要で、一年以上の時間がかかった。師岡弁護士は、「その間に被害が拡大した。ネット事業者から速やかに協力を得られるよう法整備を急ぐべきです」と訴えた。立件された被害はごく一部で、刑事責任追及の難しさに直面した。

差別投稿に対し、損害賠償を命令

当時中学生だった中根も二〇一八年七月、「悪性外来寄生生物種」などと差別投稿した九州地方の六〇代男性を侮辱罪で刑事告訴した。川崎簡裁は同年一二月、男性に侮辱罪で科料九〇〇〇円の略式命令を出した。受けた被害の大きさに比べ処罰があまりに軽いと感じる。

二〇一九年三月には、十分な反省がみられないとしてこの男性を提訴した。横浜地裁川崎支部に続き東京高裁は二〇二一年五月、「人種差別に当たり、人格権を侵害する」と判断し、男性に一三〇万円の損害賠償を命じた。大学生になった中根は判決後の記者会見で、「差別の被害者が裁判に訴えなくても救済される制度を望みます」と語った。

崔も二〇二一年一一月、「日本国に仇なす敵国人め。さっさと祖国へ帰れ」などとブログに投稿していた関東地方の四〇代男性に対し、三〇五万円の損害賠償を求め、横浜地裁川崎支部に提訴した。

提訴時の記者会見で、崔はこう思いを訴えた。

「司法の場で良い判決をとり、在日一世のハルモニや四世、五世の子どもたちに『大丈夫だよ』という言葉を届けたい」

声を上げにくい高齢の一世たち、限りない未来がある子どもたちを守りたいとの強い思いが伝わってきた。

刑事、民事の法的手続きには膨大な時間と経済的、心理的負担が強いられる。差別投稿に対する規制がない中、救済を求める被害者がさらに苦しめられる。そんな現状をいつまでも放置しておくわけにはいかない。

「間違った正義感だった」

差別投稿するのはどんな人物なのか。二〇二〇年一月三日、記者（後藤）は崔に対する差別投稿をくり返した男性に実際に会いに行った。藤沢市の静かな住宅街。玄関には正月飾りがかけられていた。古い戸建て住宅だが、手入れが行き届いているように見える。差別と攻撃性に満ちたツイートの文言と目の前に見える男性の自宅にはあまりにもギャップがあった。インターホンを押し、男性の実名を呼ぶと、「本人は不在だ」との声が返ってきた。記者だと名乗るとインターホンは切られた。

翌朝から再び自宅近くで待っていると、昼過ぎに扉が開いた。自転車で出てきた男性に話しかけた。「差別的な投稿をどう考えているのか」と尋ねると、男性は「糾弾しに来たのか」と反発した。「法に触れたことは大変申し訳ない」とする一方で、「（崔への）批判をしただけでヘイトスピーチではない」と開き直った。

投稿した理由には「日本人拉致事件への不満」が根底にあるという。「（崔は）あちらの民族の代表のような立場で、在日朝鮮人のアイコンのような方ですしね」と主張した。拉致被害者の横田《よこた》めぐみの話に何度も触れたので、記者が「（崔を攻撃しても）横田さんもあなたの行為を喜ばないのでは」と指摘すると、納得できない様子で「認識の相違ですね」と答えた。「正義感からしたことですか」とさらに聞くと男性は「間違った正義感だった」と吐露。「匿名投稿でも発信者が特定されることを忘れ、やってしまった。バカだった」とも語った。犯行がばれて罪に問われたことは後悔しているが、差別自体は問題ないと主張しているように聞こえた。

崔への攻撃はネット上だけではない。二〇二〇年の正月には、崔の職場の「川崎市ふれあい館」に在日コリアンの虐殺を宣言する年賀ハガキが届いた。

〈謹賀新年　在日韓国朝鮮人をこの世から抹殺しよう。生き残りがいたら、残酷に殺して行こう〉

筆跡を隠すため、定規を使って角張った文字で書かれていた。

追い打ちをかけるように一月二七日には、ふれあい館の爆破予告が川崎市の職員に送られる。警察が捜査した結果、脅迫年賀ハガキと爆破予告にかかわったとして元川崎市職員の男（当時六〇代）が検挙され、後に有罪判決を受けた。

その後も差別行為は消えない。二〇二一年三月一八日、ふれあい館の館長宛てに一通の封書が届いた。館長の崔が中身を確認すると、開封された茶色い菓子袋が入っていた。同封の紙には「朝鮮人豚ども根絶やし最大の天罰が下るのを願ってるコロナ入り残りカスでも食ってろ自ら死ね」と書かれていた。「死ね」の文字が一四回続き、最後は「殺ろ」と結ばれていた。これ以降、崔は外出時に防刃ベストの着用を強いられている。

職場で起こる「ヘイトハラスメント」

差別をもとにした行為、犯罪はさまざまな形態のものがある。次に紹介するのは「ヘイトハラスメント」と呼ばれる行為だ。明らかに民族差別的な言葉を記載した文書を職場という身近な場で日常的に配布され、人権侵害されたケースである。

被害に遭ったのは、大阪府岸和田《きしわだ》市にある不動産会社「フジ住宅」に、パート社員として勤務する在日コリアン三世の女性（五四歳）。会社は東証プライム（旧東証一部）に上場しており、約一〇〇〇人の従業員を抱える。

大阪府南部に住む女性を訪ね、話を聞いた。「おかしな文書」の配布が始まったのは二〇一一年ごろだったという。「日本人の誇り」「東京裁判おかしい」という内容の文書から始まり、次第にエスカレートしていった。「従軍慰安婦はなかった」などの歴史を歪めるものや、韓国人や中国人を「うそつき」「在日は死ねよ」と侮辱する雑誌やネットの記事、DVDが全従業員に配布されるようになった。いずれも今井光郎《いまいみつお》会長の意向を強く反映したものだった。

配布資料に関し、社員は「経営理念感想文」を提出することになっており、「韓国人は嫌い」「韓国人はうそつきで、反吐が出ます」といった感想を抜粋したものが後日配られた。

自治体が開く学校教科書展示会に社用車に乗せて社員を参加させ、保守系の教科書を採用するようアンケートに書かせたりすることもあったという。

女性は当初、労働基準監督署に相談したが、相手にされず、弁護士を通じて会社に文書の配布をやめるよう申し入れた。しかし、事態は変わらず、二〇一五年三月、大阪弁護士会に人権救済を申し立てると、会長の意向を受けた会社側が三〇〇万円と引き換えに退職を促してきた。女性はこれに応じず、同年八月、「文書配布によって精神的苦痛を受けた」として会長と会社を相手取って損害賠償を求めて提訴した。裁判で提出する証拠として日々集めた差別的な配布文書は段ボール三箱分に上る。

提訴後は、会社の上層部に加え、それに忖度《そんたく》する社員も女性への嫌がらせに加わった。社員の「感想文」の中には「訴訟は金目当てだ」などと女性を中傷する書き込みが目立つようになった。親しい同僚からも「理解はしているけど、助けられない」と言われてしまう。やりきれない思いが募った。

裁判は約七年かかったが、二〇二二年九月に最高裁で女性側の勝訴が確定した。大阪高裁の控訴審判決（確定）は、明らかにヘイトスピーチに該当する文書について「差別的思想を醸成する」と判断した。さらに、それに該当しない文書についても「使用者の優越的地位を背景に継続的かつ大量に」配布した場合、「差別的言動を生じさせかねない」とした。そうした文書の配布行為によって、原告の「人格的利益」を侵害したとして一三二万円の賠償と文書配布の差し止めを命じた。

弁護団によると、確定した高裁判決は二点の意義があるという。一点目は、労働安全衛生法等に規定された職場環境配慮義務に触れ、「使用者は差別を蔓延させない職場にする義務がある」と指摘した点。二点目は、「表現の自由」との兼ね合いがある中で、裁判所が差別文書の配布行為を差し止めた点だった。

職場で孤立しながらも闘い続けた原動力について女性はこう振り返る。

「こんなひどいことがまかり通る職場に、私の子どもや親類や大切な人たちを送り出すことはできない。会社と闘い続けたのは、そんな思いからです」

女性の口調は淡々としていたが、強い意志と怒りが伝わってきた。

裁判で勝った後も、女性の思いは晴れない。会社側は「主張が最高裁に受け入れられなかったことは遺憾ですが、確定判決は遵守してまいります」と取材に回答する一方で、女性には一切謝罪はしていない。

同社のホームページには行動指針が書かれている。

「役職員の人格・個性を尊重し、差別禁止・セクシュアルハラスメント禁止の徹底を図るなど、積極的に雇用・労働条件の改善に努めます」

著名企業によるヘイト

この女性は近年、相次ぐヘイトクライムにも不安をつのらせている。京都・ウトロ地区への放火事件は他人事《ひとごと》とは思えず、「名前が分かれば、自分も危害を加えられるのではないか」との恐怖を覚えたという。会社で回覧された「殴ってやりたい」「クズども」などと書かれた文書を目にした時の記憶がよみがえり、「自分も襲われるのでは」との強い不安がよぎる。

「ハラスメント」の日本語訳は「困らせること」や「嫌がらせ」とされ、軽い印象をもたれがちだ。ただ、セクシャルハラスメントを放置すれば、性的な犯罪につながりかねないのと同様に、ヘイトハラスメントを放置すれば、ヘイトクライムを生む可能性は高まるだろう。

フジ住宅によるヘイトハラスメントは露骨に職場内で展開されていたが、企業がこうした姿勢を外部に堂々と示す例もある。化粧品や健康食品の販売で知られる「ＤＨＣ」がその一つだ。会長の吉田嘉明《よしだよしあき》は、会社の公式サイトを通じて人権侵害を繰り返した。二〇二〇年一一月以降、ライバル社であるサントリーの関連会社「サントリーウェルネス」に触れ、「サントリーのＣＭに起用されるタレントはほぼ全員がコリアン系の日本人」と根拠なしに指摘。朝鮮半島出身者への蔑称《べっしょう》「チョン」を持ち出し、「ネットではチョントリーと揶揄《やゆ》されている」などと書いた。

二〇二一年五月には次のような「声明」を発表した。

「NHKや朝日新聞や国会議員や弁護士や裁判官や官僚や、はたまた経団連の所属会員等日本の中枢を担っている人たちの大半が今やコリアン系で占められているのは、日本国にとって危険」

同社は二〇以上の地方自治体と包括連携協定を結んでいたが、差別発言をきっかけに、高知県南国《なんこく》市や神奈川県平塚《ひらつか》市など協定を解消する自治体が相次いだ。差別発言は韓国でも報道され、同社は韓国市場からの撤退を余儀なくされた。

第四章

一〇〇年前のジェノサイド

関東大震災時の虐殺

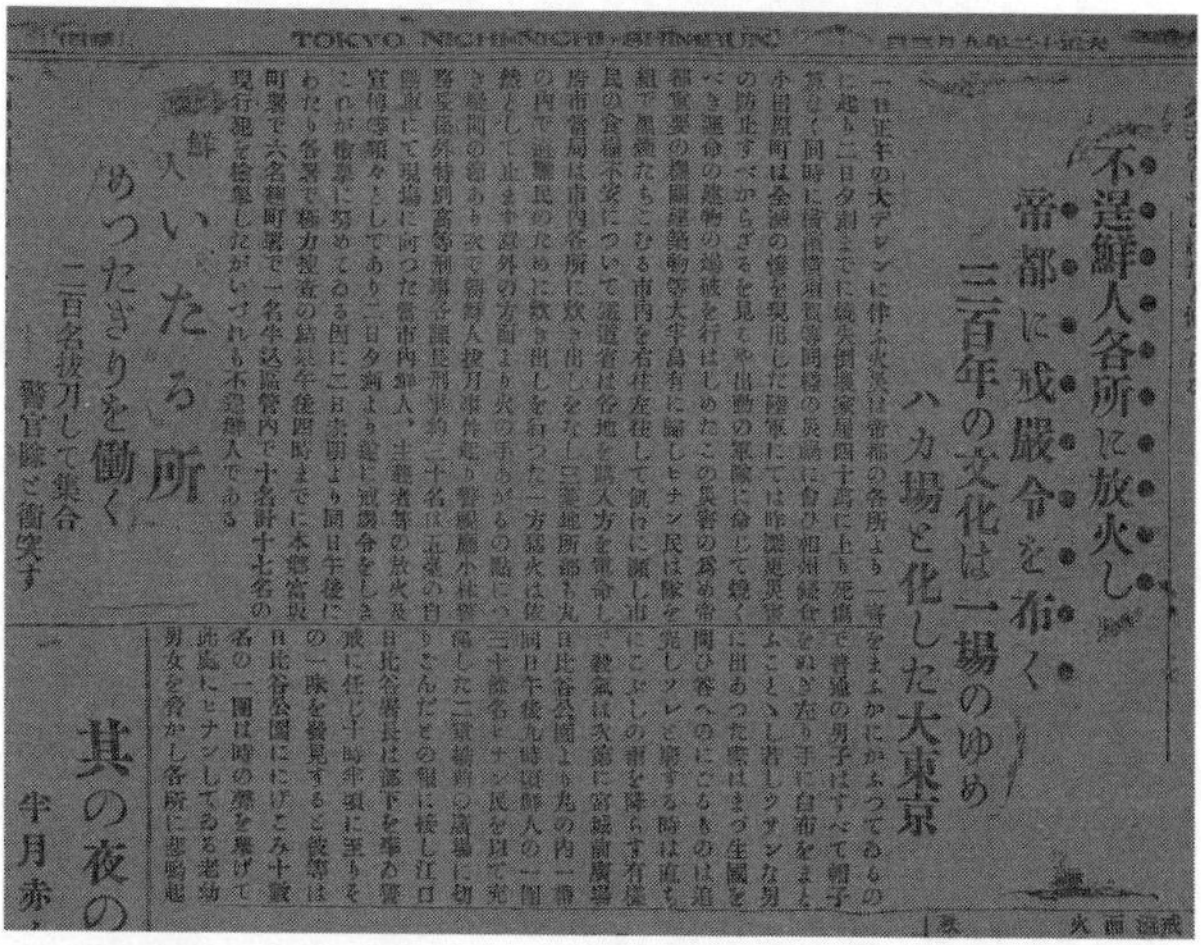

TOKYO NICHI-NICHI-SHIMBUN

不逞鮮人各所に放火し

帝都に戒厳令を布く

三百年の文化は一場のゆめ

八カ場と化した大東京

鮮人いたる所

めつたぎりを働く

二百名抜刀して集合

警官隊と衝突す

其の夜の

「朝鮮人暴動」デマを拡散した東京日日新聞の1923（大正12）年9月3日付の紙面

震災が生んだ流言

近年、ウトロ地区への放火などヘイトクライム事件が起きるたび、被害者である在日コリアンが言及するのは、一〇〇年前の出来事だ。一九二三年九月、関東大震災が起き、関東一円では軍や警察、自警団などにより多くの朝鮮人が虐殺された。

九月一日午前一一時五八分、相模湾《さがみ》を震源とするマグニチュード七・九の地震が発生した。東京と神奈川を中心に、首都圏に壊滅的な被害を生じさせた。土曜の昼時だったことでかまどや七輪から火災が発生。台風に伴う強い風が不幸にも重なり、東京と横浜では大火となった。発災時には南風だったのが、西風、北風と変わり、延焼を広げた。気象庁によると、東京では火災旋風が発生し、正式な記録ではないものの、中央気象台（気象庁の前身、現在の東京都千代田区に所在）では二日のはじめに四五度以上を記録している。死者・行方不明者は約一〇万五〇〇〇人を数えたが、その九割が焼死者とみられている。

この甚大な被害が当時の人々を激しく動揺させたことは想像に難くない。地震からまもなく、流言《デマ》が発生した。「富士山が噴火した」「伊豆大島が海中に没した」とする異常現象や、「山本首相が暗殺され、政友会幹部三〇余名は会議中に圧死した」といった被害状況の誤伝などがあった。

やがて朝鮮人虐殺を引き起こすきっかけとなる流言が広がる。「鮮人約三千余名既に多摩《たま》川を渡り来襲」、「鮮人市内の井戸に毒物投入」、「掠奪《りゃくだつ》を行い婦女を辱め」などと、ありもしない「朝鮮人暴動」がまことしやかに語られ、拡散した。

警視庁の『大正大震火災誌』（一九二五年）によると、朝鮮人を標的にした最初の流言が確認されたのは一日午後三時ごろとされる。「社会主義者及び鮮人の放火多し」という流言が記録されている。午後四時ごろには王子署の報告として、「突如として、鮮人放火の流言管内に起り」とある。午後六時ごろには芝《しば》・愛宕《あたご》署に「鮮人襲来の流言初めて管内に伝わ」った。二日午後二時五分ごろには「横浜方面より襲来せる鮮人の数は、約二千名にして、銃砲、刀剣等を携帯し、既に六郷の鉄橋を渡れり」、同日午後四時半ごろには「鮮人目黒《めぐろ》火薬庫を襲へり」と、地名や人数が妙に具体的だ。警視庁管内の各署で刻々と流言が把握されていった。

発災翌日まででも報告が残る署は小松川《こまつがわ》、小石川《こいしかわ》、亀戸《かめいど》、本所《ほんじょ》、牛込《うしごめ》、浅草《あさくさ》、四谷《よつや》、赤坂《あかさか》・青山《あおやま》、中野《なかの》、品川《しながわ》、本郷《ほんごう》、府中《ふちゅう》、八王子《はちおうじ》、青梅《おうめ》など、広範囲に渡り、短期間に急速に流言が広まったことが分かる。

当局、新聞も流言を拡散

流言は警察や役所によっても発信され、「朝鮮人暴動」のデマが権威づけられた。法務省の前身・法務府の吉河光貞《よしかわみつさだ》検事が、戦中から裁判記録をはじめ公的な記録をもとに関東大震災時の治安について検討した『関東大震災の治安回顧』（法務府特別審査局、一九四九年）をひもとくと警察の関わりが分かる。

二日午後三時ごろ、神奈川県橘樹《たちばな》郡の高津《たかつ》分署から同郡中原《なかはら》村小杉《こすぎ》巡査駐在所に「鮮人襲撃の模様あるを以て、相当警戒すべし」との電話連絡があった。このため、「不逞鮮人襲来の流言は、愈々真実なるかの如く喧伝されるに至った」とする。警察に権威づけられたデマは真実性を帯びさせる効果を持った。

この中原村の在郷軍人会会員で青年団員であった小林英男は、九月二日の日記に次のように書き残している。

「午後、警察より、『京浜方面の鮮人暴動に備うる為出動せよ』との達しあり、在郷軍人・青年団・消防団等、村内血気の男子は各々武器を携え集合し市之坪境まで進軍す」

（川崎市役所『川崎市史』一九六八年）

中原村小杉巡査駐在所が高津分署から「鮮人暴動」の電話連絡を受けたのが二日午後三時とあり、中原村の小林は二日午後、警察から出動の指示を受けたと記している。この一連の記録から、警察が流言の伝播《でんぱ》に大きな役割を果たしたことがうかがえる。

さらに警察を管轄した内務省も流言を広めた。内務省警保局長から各地方長官宛の電文が三日午前、海軍東京無線電信所船橋《ふなばし》送信所（現在の千葉県船橋市に所在した）から打電された。「朝鮮人は各地に放火し、不逞の目的を遂行せんとし、現に東京市内に於いて爆弾を所持し、石油を注ぎて放火するものあり」として、「鮮人の行動に対しては厳密なる取締を加えられたし」と全国に伝えた。

大震災の当時、東京には日刊紙の新聞社が一六あったが、大火による焼失を免れたのは東京日日新聞（毎日新聞の前身）、報知新聞、都新聞の三社だけだった。震災初日に号外を出せたのは東京日日と報知だけだった。しかし、この号外は手刷り印刷で部数が少なかった。東京日日は二日付朝刊を約一〇万部刷り、これが震災後の東京で初めて出た新聞だった（毎日新聞社『「毎日」の3世紀——新聞が見つめた激流130年　上巻』、二〇〇二年）。当時はラジオがまだなく、新聞は貴重な情報源という時代。震災直後のデマがかまびすしい時、在京他紙は被災により軒並み発行できない状況だったが、焼けなかった東京日日は三日の紙面においてセンセーショナルに「朝鮮人暴動」を報じた。

「目黒競馬場をさして抜刀の儘集合せんとせし不平鮮人の一団は横浜方面から集ったものらしく途中出会せし。日本人男女十数名を斬殺し後憲兵警官隊と衝突し三々伍々となりすがた影を隠したが彼等は世田ヶ谷《せたがや》を本部として連絡をとっておると」「横浜方面の不逞鮮人等は京浜間の線路に向て鶴嘴を以て線路をぶちこわした一日夜火災中の強盗強姦犯人はすべて鮮人の所為であった二日夜やけ残った山の手及び郊外は鮮人のくいとめに全力をあげられた」

これらは完全な誤報、デマだった。情報源は書かれていないが、警察など当局が覚知したデマと重なる内容が多い。デマの発生源や伝播の経路は不明だが、官憲や新聞がデマを発信したことが民衆の間でデマを補強する効果を果たし、虐殺をさらに後押しすることになったと考えられる。

証言が伝える虐殺の実態

朝鮮大学校（東京都小平市《こだいら》）が、一九六三年に出した『関東大震災における朝鮮人虐殺の真相と実態』には、虐殺を生き延びた在日朝鮮人の証言が載っている。その一人、東京・大井町《おおいまち》のガス管敷設工事現場で働いていた全錫弼《チョンソクピル》の証言を以下に要約する。

全は九月一日、朝からの雨で仕事に出られず、飯場にこもっていた。そこには全を含め一三人の朝鮮人労働者がいた。激震が襲ったのは、まさに昼食をとろうとしているときだった。

夕方六時ごろ、あちらこちらから日本人が手に手に日本刀、とび口、のこぎりなどをもって外に飛び出していた。しばらくして、「朝鮮人を殺せ」という声が聞こえてきた。

この状況に近所の親切な日本人が「一歩でも外に出ると殺されるから絶対に出てはいけない」と声を掛けてくれた。その日の夜遅く、巡査と兵隊二人、近所の日本人一五、六人が来て「警察に行こう。そうしなければお前たちは殺される」と伝えてきた。そこで、近所の日本人と兵隊の警護を受け、一三人の同胞と共に、品川警察署に向かった。

署に向かう道中、自警団が繰り返し襲ってきた。近所の人たちは「善良な人たちだから手を出さないでくれ」と叫び続けたが、それでも自警団は長い竹槍《やり》で頭を叩いたり突き刺してきたりした。既に署を取り囲んでいた数千の群衆は全らを見つけると、オオカミのように襲ってきた。「その時の恐怖は言葉や文章では表わすことができません」と全は振り返る。

この時、署内から多数の巡査が出てきて群衆を払いのけ、全らをなんとか署内に引き入れた。その後も署を取り囲んだ民衆は騒ぎ続けたという。

もう一人の証言を引きたい。

愼昌範《シンチャンボム》は八月二〇日に朝鮮から同僚ら一五人と共に日本に渡り、震災前々夜の八月三〇日に東京・上野に着いた。地震後、火の手を逃れ避難を続け、三日夜に荒川の堤防にたどり着いた。四日未明、その場でうとうとしていると、「朝鮮人を殺せ」などの声が聞こえてきた。

自警団は寝ている避難民を一人一人起こしては朝鮮人か確認し、朝鮮人を見つけると日本刀を振り下ろし、とび口で突き刺して虐殺した。それを見た愼は一緒に避難していた弟と義兄と共に逃げ出したが、愼は自警団に見つかり日本刀で切りつけられるなどして気を失った。死んだと思われたのだろう、他に虐殺された朝鮮人の遺体と共に「死体」として寺島《てらじま》警察署に収容された。どれほどたったか不明だが、愼は折り重なった死体の中で意識を取り戻し、生還した。左手の小指は切断され、左肩には日本刀で切られた傷跡が、右脇には竹槍で刺された跡、足にはとび口で突かれた跡が残った。

聞き取り調査に応じたり、目撃者自身が書物や日記などの形で書き残したりしたケースもある。

一九八〇年代、市民グループ「関東大震災時に虐殺された朝鮮人の遺骨を発掘し追悼する会」は、延べ一五〇人の目撃者に虐殺の状況などを丁寧に聞き取り、『風よ鳳仙花の歌をはこべ』(教育史料出版会、一九九二年)にまとめている。

震災当時かぞえで一五歳だった青木(仮名)の証言

「たしか三日の昼だったね。荒川の四ツ木橋の下手に、朝鮮人を何人もしばってつれて来て、自警団の人たちが殺したのは。なんとも残忍な殺し方だったね。日本刀で切ったり、竹槍で突いたり、鉄の棒で突き刺したりして殺したんです。女の人、なかにはお腹の大きい人もいましたが、突き刺して殺しました。私が見たのでは、三〇人ぐらい殺していたね」

現場の四ツ木橋《よつぎ》がかかる荒川放水路は当時、まだ建設中で、多くの朝鮮人が建設作業に従事していた。

社会学者となる清水幾太郎《しみずいくたろう》も目撃したことを書き残している。自伝『清水幾太郎　私の心の遍歴』（二〇一二年、日本図書センター）によると、一日は本所区の自宅で被災し、大火を逃れ避難生活を始めた。九月二日夜から一週間、市川国府台《いちかわこうのだい》にある兵舎に収容されていた。ある夜、東京から帰ってきた部隊が銃剣についた血を洗っているところに遭遇する。清水が「誰を殺したのか」と聞くと、兵隊は得意げに「朝鮮人さ」と答えたという。この時、清水は一六歳、中学三年生だった。

清水の目撃から虐殺への軍の関与が浮かび上がる。内閣府中央防災会議の『災害教訓の継承に関する専門調査会報告書（一九二三関東大震災報告書第二編）』（二〇〇九年）によると、軍の史料には一一件五三人の朝鮮人を殺害したことが記録されている。この史料には警察による殺害についても言及されている。

朝鮮人と間違えられた日本人も多く殺された。音楽評論家の蘆原英了《あしはらえいりょう》が当時目撃したのは、まさにそんな場面だった。

「私は朝鮮人を叩き殺すといった実況を眼のあたりに見た。それは実際には間違いで、日本人が棍棒で殴られ、頭を割られたのであったが、それは実に残忍をきわめたものであった。どういう間違いであったか、四十歳ぐらいの背広を着た紳士が自警団に追われて、私の家のすぐ前の西念寺の墓地に逃げ込んできた。するとそのあとを和服を着た奥さん風の女性が、『私の主人です。朝鮮人ではありません』と必死に追っかけてきた。しかし、その声を聞かばこそ自警団はその紳士を殴り、頭からざくろのようなものが見えた。奥さんが必死になってその負傷者にかじりついて叫んだので、やっと自警団の暴行はやんだが、実際のところ間違いで、その紳士は正真正銘の日本人であった」（蘆原英了『僕の二人のおじさん、藤田嗣治と小山内薫』新宿書房、二〇〇七年）

一カ月以上報じられなかった朝鮮人虐殺

震災直後はデマを拡散し、混乱の極みにあった新聞社も一カ月以上経過して、虐殺の現場のごく一部を伝え始めた。

〈殺人自警団員　また検挙　日本刀で切り捨てる〉

東京日日新聞一〇月一四日夕刊二面の小さな記事の見出しだ。九月二日夜に大井町（現在の東京都品川区）の大安久茂（二四歳）が自宅前にいたところ、同じ大井町の男から「お前は鮮人だろうとて文句もいわせずにたずさえた日本刀で斬りつけ」られた、という。そして、後日、男は検挙された。朝鮮人と思われただけで殺される、という惨劇が繰り広げられていた。

自警団は各地で道行く人たちを誰何しては、朝鮮人を探した。「一五円五〇銭」などと言うように要求し、「正しく」発音できないと朝鮮人と判断され、方言のある地方出身者らも被害に遭った。千葉県東葛飾《ひがしかつしか》郡福田《ふくだ》村（当時）では香川から来ていた行商ら一五人が自警団に襲撃された。このうち幼児を含む九人が殺害され、「福田村事件」として知られている。この事件については、映画監督の森達也が映画『福田村事件』を制作し、震災から一〇〇年となる二〇二三年九月一日に全国で公開される。森はこれまで、重大犯罪を起こしたオウム真理教信者の素顔に迫る『A』『A2』や、権力と対峙する一人の女性記者とマスメディアの機能不全ぶりを描いた『i－新聞記者ドキュメント－』などのドキュメンタリー作品を制作してきた。作品に一貫しているのは、自律的に動けない「個」と、集団になると正しく機能せず、時に暴走する「集団」がテーマだ。森は映画公開前の取材にこう答えた。

「日本社会は集団ととても相性が良く、個が弱いんです。集団になると同質でまとまり、異質なものを排除しようとする。一〇〇年前も今も変わっていませんよ」

新聞各紙は震災から四九日後、一〇月二〇日に解禁されるまでは朝鮮人虐殺について報じることが当局から禁じられていた。そのため、当初は朝鮮人と間違えられた日本人の被害ばかりが報じられた。報道解禁後の一〇月二一日付け夕刊二面に「『各地の騒擾事件』記事の掲載解禁となる」の見出しが登場する。この面は各地で確認された虐殺事件で埋まっている。以下に見出しの一部を引用する。

〈群馬県藤岡《ふじおか》町で　自警団の大惨虐　警察を襲い鮮人を殺害〉
〈埼玉県で殺害した　鮮人百六十六名　加害者の収監百十四〉
〈本庄《ほんじょう》警察署構内は　忽ち修羅場と化す　八十六名の鮮人を刺殺〉
〈横浜で殺された鮮人　百五十名に上る〉
〈軍隊護送中の鮮人を殺害す　船橋町の惨劇〉
〈烏山《からすやま》の惨行〉

ここでは、警察署内で保護されていた朝鮮人を自警団が殺害したり、軍が護送中の朝鮮人を一〇〇名以上の自警団が襲って虐殺したりしたことなどが報じられている。新聞には、警察や軍隊の目が届く場所での残虐行為が多く並ぶ。ただ、実際に起きた事件のすべてが報じられたわけではなく、虐殺の多くはいまだに闇の中である。

朝鮮人を守った人たち

デマが拡散し、惨劇が広がる中で、毅然として朝鮮人を守った人たちもいた。臨海部に近い田島《たじま》町（現在の川崎市川崎区）。震災当時、町長の吉澤保三は自宅で被災し、頭部裂傷などの負傷ですぐには公務ができなかった。そこで、助役の栗谷三男が町長に代わり指揮を執った。この栗谷の行動が朝鮮人の命を救い、それは同時に住民が犯罪者となることを防ぐことになった。神奈川県立公文書館が収蔵する「震災後混乱中に於ける田島町助役栗谷三男氏の鮮人救済」と題した手書きの公文書に事の顚末《てんまつ》が記されている。報告者は町長の吉澤である。以下に要約する。

他の被災地と同様に田島町内でも朝鮮人暴動の流言蜚語が飛び交い、住民は戦々恐々として修羅場のような状態に陥っていた。東京横浜の大火は朝鮮人の仕業だとか、田島町にも朝鮮人が押し寄せて民家を襲うだとか、爆弾や毒薬を使って殺戮《さつりく》しにくるなどのデマに翻弄された。町民は朝鮮人を憎悪し殺すべきと殺気立った。しかし、栗谷は毅然と朝鮮人の保護を決め、町内の新田神社境内で保護にあたった。これを知り、周辺地域からも田島町へ逃れてくる朝鮮人がいたが、かれらを自警団が襲撃することもあった。それでも栗谷は一〇〇人以上の朝鮮人を守り抜いた。

町長の吉澤は栗谷の功績を次のように評価する。

「思うに鮮人収容の義挙は単に鮮人救済の為めのみにあらずして、町内平和を維持すると共に不幸の犯罪者を出さず一挙両得其効果の甚だ大なるは想像に難からす」

他に、朝鮮人の命を救ったとして知られるのが、横浜・鶴見《つるみ》警察署長の大川常吉《おおかわつねきち》だ。神奈川県警察本部が一九七〇年に出した『神奈川県警察史　上巻』によると、三日午後六時の時点で、警察署は周辺から集まった朝鮮人二二〇名、中国人七〇名を保護し、九日には三〇一名に上った。デマを信じた一〇〇〇人もの群衆が「朝鮮人を殺せ」と包囲したが、大川はこれを拒否し、朝鮮人らを守ったとされている。

大川が眠る東漸寺《とうぜんじ》（鶴見区）の本堂脇には、一九五三年に朝鮮人団体によって建てられた「故大川常吉氏之碑」がある。碑文にはこう刻まれている。

「関東大震災当時流言蜚語により激昂した一部暴民が鶴見に住む朝鮮人を虐殺しようとする危機に際し当時の鶴見警察署長故大川常吉氏は死を堵して其の非を強く戒め三百余名の生命を救護した事は誠に美徳である故私達は茲に故人の瞑福を祈り其の徳を永久に讃揚する」

当局者も認める、デマは事実無根だった

ここで改めて「朝鮮人暴動」のデマについて深く考えたい。デマは拡散するのも早かったが、実は早い段階で根拠がないことに当局も気づいていた。警視庁の官房主事だった正力松太郎《しょうりきまつたろう》は『悪戦苦闘』（早川書房、一九五二年）で、「朝鮮人来襲の虚報には警視庁も失敗しました」として、次のように振り返っている。

「一日夜ごろから朝鮮人が不穏の計画をしておるとの風評が伝えられ淀橋、中野、寺島などの各警察署から朝鮮人の爆弾計画せるものまたは井戸に毒薬を投入せるものを検挙せりと報告し二、三時間後には何れも確証なしと報告しましたが、二日午後二時ごろ富坂警察署からまたもや不穏鮮人検挙の報告がありましたから念のため私自身が直接取り調べたいと考え直ちに赴きました。（中略）私は署長と共に取調べましたが犯罪事実はだんだん疑しくなりました」

侍従武官を務めた旧海軍人の四竈孝輔《しかまこうすけ》は九月四日、神奈川県に派遣された。芝浦《しばうら》から駆逐艦に乗船し海路で横浜入りし、安河内神奈川県知事から聞き取った被災状況を『侍従武官日記』（芙蓉書房、一九八〇年）に書いている。「九月四日」の日記には、「鮮人に就いて兎角風評高し」との項目があり、「川崎鶴見程ヶ谷方面鮮人に対する諸種の流言蜚語盛に行われ、

人民兢々たりしも、事実は隊伍を組みて来襲せしなどのこと皆無なり」と記す。つまり、朝鮮人が隊列を組んで襲ってくるといううわさがあり、市民は恐々としていたが、実際にはそんなことはなかったと記している。この日記には、自警団が「鮮人と見れば善悪の差別もなくこれを殴打し、あるいは致死せしむるもの殆ど其の数を知らず」との記載もある。四日の段階で、すでに虐殺が現在進行形で起きていたことを示す。

九月四日、奥平俊蔵《おくだいらしゅんぞう》陸軍少将は治安維持のために警備部隊を率いて横浜に入った。地震で壊滅的な被害を受けた横浜では三日までに略奪、殺人などが盛んに行われ、騒擾が深刻になっていたという。奥平の自叙伝（『不器用な自画像』柏書房、一九八三年）には朝鮮人暴動のデマについて詳しく触れている。

奥平が横浜に到着してすぐ、数人の市民が一人の朝鮮人を縛って海軍陸戦隊に連れてきた。法務官が取り調べたが、不審なところはなかったという。ところがその後、市民はこの朝鮮人を海軍から引き取り、海中に投げ込んでは引き上げては沈めるのを繰り返して殺害した、と聞いたというのだ。奥平が横浜で任務についた時点で、虐殺が進行していたことが分かる。

「横浜に於ても朝鮮人が強盗強姦を為し井戸に毒を投込み、放火其他各種の悪事を為せしを耳にせるを以て、其筋の命もあり、旁々（著者註・あちこちの意味）之を徹底的に調査せしに悉く事実無根に帰着せり」

朝鮮人暴動のうわさを聞くので徹底的に調べたが、ことごとく事実無根だったというのが、横浜の警備を指揮した軍人の答えであった。

奥平は続ける。騒擾の原因は「不逞日本人の所為であると認めるのである」と断じる。その「不逞日本人」が何をしたのか。「不逞日本人等は学校備附の銃器全部を空包と共に掠奪し、避難民の集団に対して之を保護すると称し昼間は神妙なるも夜間に至れば仲間と諜合し空包を以て打ち合い、喊声（筆者註・ときの声の意）を挙げ、朝鮮人襲来す、遁げよ遁げよと呼ばわり、附近焼け残りの家屋にある人々は之に驚き家を空にして逃げ去れば、空家に入りて掠奪し且つ避難民の集団よりも保護料を受領せりと謂う」とする。

地震一週間後の九月八日付の東京日日新聞朝刊二面には〈鮮人の爆弾　実は林檎　呆れた流言蜚語〉との見出しで次のような記事が載った。

「湯浅警視総監は卓上に二個のにぎり飯と福神漬けを置き水道の水をすすって鮮人暴行の浮説を慨嘆し左の如く語る『この未曾有の惨状に対し罹災民の狼狽することは然ることながら風声鶴唳（おそれおののきの意）に殆ど常軌を逸した行動に出づる者のあったことは遺憾千万である。即ちその一例をいえば鮮人が爆裂弾をたづさえているというので捕らえてみればリンゴであった』」

デマには根拠がなくいかにばかげたものだったかが伝わってくる。虐殺や略奪が横行する治安悪化に直面した当局は沈静化を図るべく、新聞社に「朝鮮人暴動」デマを巡る記事を掲載しないよう求めたり、その後は朝鮮人に関する報道自体を禁じたりした。先の警視総監談もデマ打ち消しのために記者に語られたものだろう。警視庁は「有りもせぬことを言いふらすと、処罰されます」と書いたビラを各地で配布するなどした。しかし、時既に遅く、各地で多数の犠牲者が出てしまった。

なぜ「朝鮮人暴動」デマが信じられたのか

「朝鮮人暴動」という事実無根の流言はなぜ広がったのか。前述の内閣府中央防災会議の報告書では、「流言飛語」の発生、拡散についても詳しく分析している。地震発生後の一、二時間後には流言が広がり、二日夜から三日朝にかけて流言はピークに達した。流言の特質として、①流言であることを自覚しにくい ②抑制、取り締まりがしにくい ③出所、経路がたどりにくい——ことを列挙。震災後の不安と情報の欠乏の中で、流言飛語が人々の間で「環流、乱反射」し、「聞き手の想像力の過激化、解釈の暴走が起きた」などとしている。

こうした流言拡散のメカニズムの分析以上に、重要なのは、なぜ朝鮮人が標的とされたのかだ。震災前の歴史を遡りたい。日露戦争で勝利した日本は、一九〇五年に第二次日韓協約により大韓帝国の外交権を奪い、保護国化した。一九一〇年には「韓国併合」し、朝鮮の植民地支配を始めた。

朝鮮人の間では、日本の統治への抵抗運動が生まれる。一九一九年に、朝鮮人留学生が東京で二・八独立宣言を決議し、これが朝鮮に伝わり三・一独立運動につながっていった。日本政府はこの独立運動を徹底的に弾圧し、日本の新聞は独立運動にかかわる朝鮮人を「不逞鮮人」と繰り返し報じた。

「不逞鮮人」言説について、植民地期朝鮮のジェンダー史を研究する東京外国語大名誉教授の金富子《キムプジャ》は論文「関東大震災時の『レイピスト神話』と朝鮮人虐殺」で次のように説明する。

「朝鮮独立運動への警戒とともに、朝鮮人への偏見や蔑視、その裏返しの『朝鮮人は何をするかわからない』『こわい』という不安や恐怖、朝鮮人による日本人への怨恨や攻撃・復讐のイメージやメッセージが含まれている」

「朝鮮人暴動」デマの発生源や経路は不明だが、デマが信じられてしまう土壌は震災前に既にできあがっていたと言える。

中央防災会議の報告書も虐殺の背景について、「当時、日本が朝鮮を支配し、その植民地支配に対する抵抗運動に直面して恐怖感を抱いていたことがあり、無理解と民族的な差別意識もあったと考えられる。歴史研究、あるいは民族の共存、共生のためには、これらの要因について個別的な検討を深め、また、反省することが必要である」と指摘する。

さらにこう提言する。

「防災上の教訓としては、植民地支配との関係という特殊性にとらわれない見方も重要である。時代や地域が変わっても、言語、習慣、信条等の相違により異質性が感じられる人間集団はいかなる社会にも常に存在しており、そのような集団が標的となり得るという一般的な課題としての認識である」

震災後の虐殺は、特殊な時代や地域で生じた特殊なものではなく、いかなる社会でも再び起きうる。報告書はそう戒めている。

七〇〇人以上に及んだ中国人虐殺

朝鮮人虐殺ほどは知られていないが、関東大震災では多くの中国人も犠牲になっている。震災後、当時の中華民国政府の関係者が来日して調査、作成した記録等によると、犠牲者は東京、神奈川を中心に七〇〇人以上とみられる。

近年、中国人虐殺について調査を続けているのが「関東大震災中国人受難者を追悼する会」共同代表を務める神戸市中央区の在日中国人二世、林伯耀《リンハクヨウ》（八四歳）だ。「中国人虐殺の場合、犠牲者の詳細が記録に残されています。集団的、意図的、計画的に実行されたことが明らかで、実態は悲惨です」

林の口調は静かで穏やかだが、言葉の裏に強い怒りがにじむ。

最大の中国人犠牲者を出した虐殺現場が、南葛飾郡大島町《おおじま》（現在の総武線・亀戸駅付近）だ。『警視庁広瀬外事課長直話』によると、九月三日に、兵士が中国人宿舎を訪ね、近くの広場まで三度にわたり中国人労働者を連行した。広場には兵士、警官に加え、まき割りや竹槍、日本刀を手にした多数の民衆が集まった。最初は朝、二人の中国人を銃殺し、二回目は午後一時ごろ、約二〇〇人を銃殺または撲殺した。三回目は午後四時ごろで、約一〇〇人を殺害したという。中国人労働者のリーダーと目された「僑日共済会」会長の王希天も軍に連行され、九月一二日に死亡している。

中国人虐殺は大島町以外にも、東京、神奈川等の各地で実行されたとされる。日弁連は二〇〇三年、「中華民国僑民被害調査表」「震災時支那人被害状況表」等の資料を調査し、重複を除いて七五八人とする被害者総数を出した。

林自身も、虐殺が起きた当時の様子を父親から聞いている。中国福建《ふっけん》省の出身で、呉服の行商をしていた父親は震災当時、東京・八丁堀《はっちょうぼり》周辺に住んでいた。地震が起きた九月一日夜、街中で「朝鮮人が火をつけている」などのデマを聞いた。「きっと中国人も危ない目に遭う」、そう直感した父親は、周辺に住む中国人らに声をかけ、計一七人で警視庁に向かう。そこで安全に避難するための「移動証明書」をもらい、鉄道に乗って茨城県土浦《つちうら》市まで逃れたという。他にも多くの中国人が震災、虐殺を逃れ、船で母国に送還された。元ソフトバンク監督の王貞治《おうさだはる》の父もその一人だ。王の父・王仕福は船で郷里の中国・浙江《せっこう》省に戻り、再び日本を訪れ、後に「世界の本塁打王」が誕生することになる。

震災当時、日中関係は良好ではなかったが、中国国内では、関東大震災の甚大な被害が伝わると、直後から義援金の募集、医師や看護師の派遣検討などの動きが広がっていたという。やがて震災と虐殺を生き延びた元住民が中国に戻り、中国人虐殺の事実が伝わる。中国政府は日本に調査団を送り、詳細な記録を作成した。犠牲者の年齢、居住地、被害日時、場所、加害者、暴力の形態、経済的被害まで詳細に残している。犠牲者の多くは二〇～三〇代の工場労働者だ。

犠牲者の出身地で特に多いのが、浙江省・温州《おんしゅう》に近い山間の地域だった。虐殺の事実が地元に伝わると、遺族の号泣が山間に響き渡ったとされる。虐殺を語り継ぐ林らの団体の会報のタイトルは「山河慟哭」と名付けられている。

中国人虐殺を検証する

日本政府は当初、中国人は「誤殺」、つまり朝鮮人と間違われて殺されたとしていた。しかし、林はこれを明確に否定する。

「震災前の日本は大正バブルが終わり、不景気だったが、中国人はどんな仕事も安く請け負う一方、労働者の権利を主張する動きもありました。日本人の労働者、経営者のどちらからも目のかたきにされていたんです」

日本政府は一九一五年に「対華二十一カ条」をつきつけ、一九一九年に中国では日本に反発する「五・四運動」が起きていた。朝鮮半島で三・一独立運動が起きた年でもあり、日本国内では朝鮮人に対すると同様、中国人への反感や偏見が強まっていた。震災の二年前からは、日本政府は中国人労働者の一部を中国へ送還している。

「そんな空気の中で大震災が起き、戒厳令が出た。そこで中国人の抹殺を図ったのでしょう」

父親から聞いた話では、当時の中国人労働者の多くは、ボタンに特徴がある中国式の服を着ていた。

「外見から朝鮮人との違いは明らかで、大半は中国人と知って殺したはずです」

意図的な殺害であることを強調する。

当時の日本政府は「誤殺」と釈明する一方で、震災直後から国家の責任について調査、検討していた。一九二三年一一月の外務省条約局作成の文書によると、「暴動の行為が特に一般の外国人に対し（一部略）その外国人たるの故を以て行われたる場合においては官憲がその領域内にある外国人の身体財産の安全を確保するの義務を尽くさざりしものと推定し国家は賠償の責任を有するものとせらる」とある。外国人であることを理由に加えられた暴行が起きた場合は、国家に安全確保の義務があり、賠償責任があるとしている。

一方で、外務省亜細亜局の文書では、山本権兵衛《やまもとごんべえ》首相や後藤新平《ごとうしんぺい》内務相ら大臣間の協議の末、「本件は諸般の関係上之を徹底的に隠蔽するの外なしと決定」したとし、政府首脳が中国人虐殺の隠蔽《いんぺい》を図ろうとしたことがうかがえる。

その後、中国人虐殺は後に国家間の問題に発展する。中国側が虐殺加害者の処罰や被害者への賠償を要求し、日本側も犠牲者に対する「慰藉《いしゃ》金」二〇万円の支出を決定した。しかし、日中関係の悪化もあり、立ち消えになった。

林らの尽力で、これまで中国人犠牲者の遺族は二五〇人が判明。「虐殺の歴史を消してはいけない」という強い思いから、林は遺族と連携し、日本政府に徹底した事実の検証と遺族への謝罪、賠償を求めてきた。

資料が乏しい朝鮮人に比べ、数多くの記録が残る中国人虐殺になぜ正面から向き合わないのか。林は米国の事例を引き合いに出し、日本政府の姿勢を批判する。米バイデン大統領は二〇二一年、米オクラホマ州タルサ市を訪問した。ちょうど一〇〇年前の一九二一年に白人暴徒が黒人約三〇〇人を虐殺したとされる現場で、犠牲者を追悼した。

「日本は自由で民主主義の国のはず。それが本当であれば、米国の動きも見習うべきですよ」

林は南京大虐殺を検証、継承する活動にも長くかかわってきた。虐殺にかかわった多くの兵士の証言も集めた。そこで浮かび上がったのは、当時の日本社会に蔓延《まんえん》していた中国人に対する強い侮蔑、差別意識だ。

「関東大震災の中国人虐殺をきちんと検証、反省していれば、南京大虐殺は起きなかったのではないでしょうか」

過去に学ばないことでさらなる大きな悲劇を生んでしまう。林の問いかけが重く感じられた。

犠牲になる民衆

中国人虐殺を語り継ぐ林は近年、ある一人の日本人女性について情報を集めている。女性は、横浜・鶴見で起きた虐殺で瀕死の重傷を負った中国人の夫を助け出した。その後、二人は夫の故郷・中国福建省福清に逃れた。夫の名は陳善慶。女性の名前は不明だが、住民からは「ネエサン」と呼ばれ、慕われていた。しかし、現地で夫婦は困窮し、陳は自殺、女性も亡くなった。

二〇一五年にこの夫婦の物語を知った林は、中国で陳の甥《おい》を見つけ出す。さらに女性の素性をたどろうと、毎年九月一日前後、鶴見を訪れ、チラシを配って手がかりを探す。女性は著名な人物でも何でもない。国籍や民族に関係なく、夫婦として、人間としてとった当然の行動をきちんと伝え、残すこと。それが悪夢の再来を防ぐことにつながると林は信じている。

林自身は京都府北桑田《きたくわだ》郡宮島《みやじま》村（現在の南丹《なんたん》市美山《みやま》町）で生まれ育った。国民学校のころ、朝鮮人の子どもによくいじめられた。

「おい、支那人謝れ」

「俺らは日本人だ。頭を下げろ」

日韓併合後、朝鮮半島出身者は日本国籍とされた。日本人に差別を受ける朝鮮人の子どもたちが、さらに弱い中国人をたたく。重層的ないじめの構図だった。

少年時代、林らの家族は日本人社会からは「敵国人」としてにらまれた。行商に回る母親についていき、戦争で息子を亡くした家を通ると、「支那人は来るな」と犬が放たれた。母親は犬から逃げる途中に転倒した。背負っていた反物が田んぼに落ちて泥だらけになり、「アイゴー、アイゴー」と大声で泣いていた光景を思い出す。母親は中国出身だが、韓国・

釜山《プサン》育ちで、朝鮮語も話した。戦争は国同士の対立だが、翻弄されて傷つくのは住民たちで、国籍や出身地は関係ない。

長い年月を経て、林の不安、懸念は強まるばかりだという。

「支那人殺せ」

二〇一三年ごろ、神戸・中華街近くでも排外主義者たちのヘイトデモが展開された。

「関東大震災後の虐殺は、日本のレイシズムの源流。一〇〇年前だが、現在にもつながっています」

二〇二三年九月一日には虐殺の悲劇から一〇〇年を迎える。その前日の八月三一日、東京都内で、「関東大震災朝鮮人・中国人虐殺一〇〇年犠牲者追悼大会」が開かれる。朝鮮人と中国人虐殺の遺族、関係者が初めて一堂に集まる場となる。

過去から目を背ける東京都

一〇〇年前の光景を明確に記憶する人はほぼ存在しなくなった。だからこそ、きっちりと悲惨な歴史に向き合うことが問われる。しかし、過去から目を背けようとする動きが加速している。

歴代の東京都知事は毎年九月一日、墨田《すみだ》区の都立横網町《よこあみちょう》公園で開かれる朝鮮人犠牲者追悼式典に、追悼文を送ってきた。しかし、小池百合子《こいけゆりこ》知事は二〇一七年以降、追悼文を送付することを止めた。二二年も送られず六年連続だった。「三国人」発言などの差別発言で物議を醸した石原慎太郎《いしはらしんたろう》知事ですら送っていたが、小池氏になってから方針転換した形だ。

「全ての犠牲者に哀悼の意を示しており、個別の追悼文は控える」

小池知事はこう説明するが、震災犠牲者は自然災害によるものである一方、虐殺犠牲者は強い差別意識をもとにした加害行為によるものだ。全く性質が異なり、一括《くく》りにするのは論理的におかしい。

式典の実行委員長を務める宮川泰彦《みやかわやすひこ》は、二〇二二年九月の追悼式典を前にした八月、追悼文送付を求めて抗議文を都の担当部局に提出した。その後の記者会見に臨んだ宮川は力を込めて訴えた。

「流言飛語を信じた人の手によって虐殺された犠牲者をひとまとめに供養するのでいいのか。なぜそんな悲しいことが起きたのかを考え、歴史的事実に目を向け追悼することが人として求められているんじゃないだろうか」

追悼文の中止は、虐殺事件という負の歴史に正面から向き合わず、犠牲者をおとしめる行為と言える。

横網町公園は元々、震災犠牲者を追悼する場として作られた場所だ。朝鮮人犠牲者追悼式典は半世紀にわたり有志の日本人を中心に続けられてきた。特に震災当日の九月一日は公園全体が祈りの場となる。

追悼式典の場から数十メートルしか離れていない場所では、そんな祈りとはかけ離れた集会が二〇一七年から毎年開かれている。運営するのは「そよ風」と名乗る団体。ブログには「震災の混乱に乗じて、朝鮮人が、掠奪、強姦、放火の限りを尽くした」と投稿し、震災直後に広がったデマを事実だと主張する。

「日本人が朝鮮人六〇〇〇人の大虐殺を行った事実は一切ない」

公園内にある追悼碑に刻まれた朝鮮人犠牲者数「六〇〇〇余名」をくり返し問題視する。

二〇一九年には、大音量のスピーカーを追悼式典に向けて集会を進行した。

「朝鮮人の略奪後の証拠隠滅の放火が甚大な被害を呼んだ」

おぞましいデマをそのまま語るスピーチは、朝鮮人追悼式典の会場にいた私の耳にも届き、背筋が凍るような感覚を覚えた。この年の「そよ風」の集会で発せられた言動は、東京都の人権条例に基づいてヘイトスピーチと認定されたが、都は「そよ風」側の集会に公園使用の許可を出し続けている。

小池都知事による追悼文不送付は、都庁職員にも強い影響を与えていた。二〇二二年、人権部の職員が外部に送ったメールに、次のような文面があったのだ。

〈小池都知事は毎年九月一日に行われる朝鮮人大虐殺追悼祭について都知事として追悼文を発出しておらず、これに対しての世論を騒がせています。（中略）都知事がこうした立場を取っているにも関わらず、朝鮮人大虐殺を「事実」と発言する動画を使用する事に懸念があります〉

そこには、小池知事の姿勢に言及しつつ、朝鮮人虐殺を否認する態度が示されていた。現代美術家の飯山由貴《いいやまゆき》が、都人権プラザ（東京都港《みなと》区）で朝鮮人虐殺に触れる映像作品の上映会を提案した。これを知った都人権部が、人権プラザを運営する都外郭団体に送ったのがこのメールだった。一見して問題がある内容だが、人権を守るはずの部署が発したことに衝撃は大きく、報道各社がこれを報じた。

「東京都はその朝鮮人の虐殺についてどのように認識しているのか」

二〇二二年一一月三〇日の都議会総務委員会で、立憲民主党の五十嵐《いがらし》えり都議が質問に立った。吉村幸子人権部長は「関東大震災時の朝鮮人殺傷事件は史実として、教科書や（政府の）中央防災会議の報告書にも掲載されているものと認識しております」と答弁した。

一方で、朝鮮人虐殺について明確に答えようとしない小池知事の姿勢はかたくなだ。二〇二三年二月二一日の定例都議会。朝鮮人が虐殺された問題について、共産党議員から代表質問で問われ、小池知事は「何が明白な事実かについては、歴史家がひもとくものだ」と答えた。

東京都が一九七二年に出した『東京百年史　第四巻』にはこう記されている。

「鮮人暴動というデマと、それに乗った自警団の暴虐とは、大正の東京の歴史の、ぬぐうことのできない汚点である」

朝鮮人虐殺の事実を認めない政府

関東大震災の虐殺で犠牲になった朝鮮人らについて内閣府中央防災会議の報告書（二〇〇九年）は、震災死亡者全体の一～数パーセント、つまり千人から数千人に上るとしている。

しかし、正確な人数や氏名はほとんど分かっていない。政府が十分な調査をしてこなかったためだ。その真相を解明しようと研究者や市民が史料を探し、証言を集めてきた。

大震災から三カ月たった一九二三年一二月一五日、帝国議会の衆議院本会議で永井《ながい》柳太郎《りゅうたろう》は、朝鮮人暴動のデマを発信した内務省から各地方長官宛の電文などを証拠に示し、政府の責任を問うた。これに山本権兵衛首相は「政府は起こりました事柄に就いて目下取調進行中でござります」と答えた。

長い時を経て二〇一五年二月一八日、参議院議員の神本美恵子《かみもとみえこ》（民主党）は質問主意書で、政府に対してこう問うた。

「当時の山本権兵衛首相は朝鮮人等虐殺事件について『取調進行中』であると答弁したが、その後、同事件について政府はいかなる調査を行い、いかなる結論を得たのか」

同月二七日に安倍晋三首相名の答弁書が返ってきた。

「お尋ねの『調査』、『結論』及び『救済措置や賠償などの措置』については、調査した限りでは、政府内にこれらの事実関係を把握することができる記録が見当たらないことから、お尋ねについてお答えすることは困難である」

二〇一六年には田城郁《たしろかおる》（民進、参議院議員）、一七年には有田芳生《ありたよしふ》（民進、参議院議員）と初鹿明博《しかあきひろ》（立憲民主、衆議院議員）、一八年、一九年には有田（立憲民主・参議院議員）がそれぞれ、関東大震災時の朝鮮人・中国人虐殺に関する「質問主意書」を出している。さらに二二年には有田と杉尾秀哉《すぎおひでや》（立憲民主、参議院議員）が切り口を変えて関連の質問主意書を出している。これらに対する政府の答弁書はいずれも、「調査した限りでは」と限定しつつ、「政府内に記録が見当たらない」とし、政府として朝鮮人虐殺の事実を公式に認めない姿勢を貫いている。「目下取調進行中」とされた真相究明の作業は、一〇〇年たっても進んでいなかった。

「伯父が行方不明」の在日コリアンの思い

一〇〇年前の虐殺事件が、今を生きる在日コリアンにも傷を与え続けていることを忘れてはいけない。二〇二二年九月一日、都立横網町公園で開かれた関東大震災朝鮮人犠牲者追悼式。そこに歩行器を頼りに参加した在日コリアン二世の金道任《キムドイン》（八六歳）の姿があった。群馬で土木の仕事に就いていた伯父の朴徳守《パクドクス》が、震災直後に東京に向かったまま行方不明になったという話を母から聞いたという。足を悪くしながらも、毎年、追悼の場に立つ。当時三三歳だった朴は植民地下朝鮮に妻と三人の子どもを残し、渡日した。金は「殺されたこと以外には考えられない」と話す。それから一〇〇年を前に、伯父への思いを聞くと、「歳が行けば行くほど、ものすごくつらい」と語り、その目元に涙があふれた。一〇〇年前の傷は次世代に引き継がれ今も刻まれているのだと感じた。

伯父の朴は母にとっては父親代わりのような存在だった。朴は、部下が持ち逃げしたお金を取り戻そうと、東京に向かったという。みんなに渡す給料だった。仲間や先輩たちが「今は行っちゃダメだ」と制止したが、「日本語もできるし、心配することはない」との言葉を残して向かった。虐殺事件は朴がいた群馬でも発生していた。

追悼式典で会った後、金の自宅を訪ねると、ポストには金とは別の日本式の名前（通名）

が書かれていた。呼び鈴を押すと、金がにこやかに迎えてくれた。

「金でずっと生きていたかったし、生きていきたいの。もう八六になるけど、私が金ということは近所の人はみんな知らないです。言えないんですよね」

若いころ、保証人をつけても部屋を借りることすらできなかった。

「医師や弁護士などの人たちは堂々と生きていけるでしょうが、普通だったら苦労します、ずっと」

今も差別により朝鮮半島にルーツがあることを明かして生きることができない人たちが大勢いる。

「一〇〇周年を前に一番伝えたいことは何ですか」との問いに、金はこう答えた。

「日本の国で、どの首相になろうと、きちんと真心から謝ってもらいたいです。亡くなった人たちのためにも」

横網町公園にある朝鮮人犠牲者追悼碑には次のように刻まれている。

「この事件の真実を識ることは不幸な歴史をくりかえさず、民族差別を無くし、人権を尊重し、善隣友好と平和の大道を拓く礎となると信じます」

語り継ぐ義務がある

過去に向き合おうとしない空気に抗い、歴史を継いでいこうとする人たちがいる。二〇二三年四月一一日、西崎雅夫《にしざきまさお》（六三歳）は、墨田区八広《やひろ》の荒川の土手に立っていた。この日は、関東大震災時にあった朝鮮人虐殺の証言を、その現場で聞かせてほしいと、韓国のキリスト教会関係者が訪ねて来たのだ。南西の方角に目を向けると、二・六キロほど先にあるスカイツリーがはっきりと見える。雲一つ無い青空の下で、熱心に耳を傾ける約二〇人の男女を前に、西崎は語り始めた。

「地震当日の夜、朝鮮人が火を付けた、爆弾を投げた、井戸に毒を入れた、集団で襲ってくる、そんなデマが流れてきました」

当時の自警団が写るモノクロ写真を示した。

「自警団が検問所を作って、朝鮮人を見つけ出しては殺すということを始めます。この地域ではどこに検問所を作ったか。ここです、この場所です」

参加者が立つ土手の上は当時、荒川の対岸に渡る旧四ツ木橋があった場所だ。話を聞いていた人たちからは「あぁ」とため息にも似た声が漏れる。

西崎は長くフィールドワークを引率しているが、大震災から一〇〇年となる二〇二三年に入り、依頼がぐんと増えた。参加者がどんなに少人数でも、できる限り引き受けてきた。生き延びた朝鮮人の証言や事件の目撃証言、文献から明らかになっていることを、虐殺の現場に立って伝え続けている。

西崎は大学四年生だった一九八二年七月、「関東大震災時に虐殺された朝鮮人の遺骨を発掘し追悼する会（以下、追悼する会。設立当初は「慰霊する会」）」に設立メンバーとして参加する。発起人は、足立《あだち》区で小学校教員をしていた絹田《きぬた》幸恵《ゆきえ》。一九七五年ごろから絹田は、荒川放水路の歴史について調べるうち、関東大震災の時、旧四ツ木橋で朝鮮人が殺され、その遺体が埋められたことを地元の古老から聞いた。これが会立ち上げのきっかけとなった。

会設立の準備会があった八二年六月、西崎は荒川の土手で、虐殺を目撃したという浅岡重蔵から当時の様子を聞いた。


「四ツ木橋の下手の墨田区側の河原では、一〇人ぐらいずつ朝鮮人をしばって並べ、軍隊が機関銃でうち殺したんです。まだ死んでいない人間を、トロッコの線路の上に並べて石油をかけて焼いたですね。そして、橋の下手のところに三カ所ぐらい大きな穴を掘って埋め、上から土をかけていた」（『風よ鳳仙花の歌をはこべ』）

四ツ木橋は、西崎が生まれ育った足立区にも近い。地元の知られざる歴史を聞き、衝撃を受けた西崎は活動にのめり込んだ。追悼する会では、八二年九月一日の追悼式後、遺体が埋まっているとの証言をもとに計三日間、河川敷を掘ったが遺骨は見つからなかった。ただ、見物に集まった地元のお年寄りから「俺も知っている」「俺も虐殺の現場を見た」という証言が次々に出てきた。遺骨は見つからなかったが、多くの証言を掘り起こした。お年寄りたちは語った。

「あんなひどいことは二度と繰り返しちゃいけない。だから若いあんたに話をするんだよ」

文献調査を進めると、大震災の年の一一月、警察が二回にわたって遺体を掘り起こし、運び出していたことが分かった。震災当時の新聞に写真入りの記事が載っていた。どこに運ばれたかは書かれていなかった。

追悼する会では、遺骨の発掘をあきらめ、さらなる証言を集めるべく、地域のお年寄りを訪ね回った。しかし、震災の話はしても虐殺事件については触れたがらない人が多かった。「知っているけど、日本のためにならないから話さない」と話す人もいた。信頼関係を築いた末に目撃を証言してくれる人が出てきたが、加害者の証言は一つも得られなかった。

西崎は大学卒業後、中学の英語教員になり、しばらく会から離れたが、約九年後に活動に戻ると、当初五〇人以上いたメンバーは四人になっていた。証言者の多くも亡くなり、新たに証言を得ることが難しくなっていた。この年、西崎が復帰する直前、追悼する会はこれまでの証言をまとめ『風よ鳳仙花の歌をはこべ』を出版した。

西崎は一九年勤めた教職を辞め、活動に専念することを決めた。追悼する会は土手沿いの土地を得て、二〇〇九年には念願の追悼碑を建てた。日本人と在日コリアンのメンバーが力を合わせて建立したことを強調しておきたい。そのころ、西崎は手弁当でフィールドワークを始めた。

西崎は毎回必ずこう伝える。一〇〇年前という遠い時代に起こった事件は解決されておらず、今も続いている。遺族は今でも遺骨を探し続けている。そして今、ヘイトスピーチ、ヘイトクライムが起きていると。

「二〇二一年のウトロ放火事件では朝鮮人が放火で焼き殺されるところだった。ネットの中ではものすごい差別の言語がまき散らされている状態。(関東大震災時と) 変わっていないじゃないですか。だから、やり続ける必要があるんです」

西崎には、自分たちは目撃証言を聞くことができた最後の世代という認識がある。

「だからこそ、次の世代に伝える義務があると思って今日もこういう話をしています」

追悼する会は、旧四ツ木橋のあった荒川の土手で一九八二年から毎年九月、追悼式を開いてきた。運営するメンバーも歳を重ね、最年少は六二歳だ。

大震災から一〇〇年となる二〇二三年の追悼式を機に、世代交代することを決めた。活動を継ぐのは、若者らで作るグループ「百年」だ。朝鮮語でペンニョンと読む。日本人と在日コリアンの二〇～四〇代の男女十数名がメンバーになっている。

在日コリアン三世の会社員、池允学《チユンハ》（二八歳）は参加の思いを語る。

「曽祖父は当時、数奇な運命で警察官にかくまわれて殺されずに済んだ。自分が今いるのは、運が良かっただけ。殺された人たちのことを考えたら、自分がのほほんと生きていることに申し訳なさを感じる。殺された人に許してもらうために自分は頑張らねばならないと思っている」

入管問題にも関心を持っているという浅野百衣（三四歳）は「一〇〇年目のためにだけにここに来るのではなく、その先のことを考え、殺す側にならないために、身近にある差別の言説に対してちゃんと向き合っていくことを学びたい。それ（差別）に抗う社会を作っていきたい」と話す。

第五章
ヘイトクライムの背景

五つの朝鮮学校高校無償化を求めた訴訟で、学校側の訴えを認めたのは大阪地裁だけだった（大阪市北区で 2017 年 7 月、大西岳彦撮影）

ヘイトデモ参加のきっかけは「サバゲー」だった

第三章の冒頭で示した「憎悪のピラミッド」を思い出していただきたい。大量虐殺（ジェノサイド）が起きる前段階には、差別的な暴力があり、さらにその背景には、軽度とされる差別があるという考え方だ。ヘイトスピーチの先にヘイトクライムがあり、それは地続きになっていると考えられる。ヘイトデモの常連だったある男性への取材から見えてきたのも、そうした構図だった。

二〇一七年一月二八日、冷え切った午後九時。約束の時間からやや遅れ、鈴木ユウタ（三八歳、仮名）は東京・八丁堀のファミリーレストランに現れた。

ユーチューブには、鈴木が過激な発言を大声で叫ぶ様子が残っている。しかし、目の前にいる男性からは、そんな威勢の良さは全く感じられない。むしろ弱々しい印象だ。「以前のヘイトデモの仲間と出会う可能性がない場所がいい」との要望で、取材場所が指定された。ヘイトデモに決別した鈴木は、自らの過去に後悔をにじませながら、記者の取材に答えた。

ヘイトデモに参加したきっかけは、二〇一一年三月一一日の東日本大震災だった。福島第一原発事故に伴う計画停電の影響で、勤務先の倉庫業の仕事に支障が出て、三日間も帰宅できなかった。そんな中、ネットで「反原発は、左翼勢力と在日コリアンの勢力が結託して日本経済を破壊するために行っている」といった趣旨の書き込みをいくつも目にした。いつしかそれを信じ込み、反原発運動や原発の停止に不満を募らせていった。

同年四月、ネットで見つけた原発推進を訴えるデモに参加した。このデモは、「在日特権を許さない市民の会」（在特会）の桜井誠《さくらいまこと》会長（当時）が呼びかけたものだった。その後も、自分が声を上げなくてはという正義感から、繰り返しデモに足を運んだ。帰宅すると、仲間がサイトに投稿したデモの動画や書き込みに目を通し、思いは共有されていると確信していった。

高校卒業後、鈴木は運送関係に勤めるが、倒産や事業縮小で会社を転々とした。二〇歳代前半、ネットで見つけたサバイバルゲームのチームに入り、週末に関東の山中に集まっては戦うのが趣味になったという。

二〇〇二年九月、日朝首脳会談で北朝鮮の金正日《キムジョンイル》総書記は日本人拉致事件を認めて謝罪した。それまでは無関心だったが、「北朝鮮憎し」の感情がわき出てきたという。サバイバルゲームでも、金総書記のお面をかぶせたマネキンをエアガンの的にし、バットで殴ったり、首にロープを掛けて引きずり回したりした。ゲーム仲間との会話は、およそ一〇年後に出会うヘイトデモのメンバーと交わす会話と変わらなかった。

「突撃隊長」と呼ばれて

二〇一二年、ヘイトデモは代表的なコリアタウンである東京・新大久保でも行われるようになった。常連参加者が「お散歩」と称して、店舗や買い物客に罵声を浴びせながら練り歩く。しかし、一般の市民を「攻撃」することに抵抗感を覚え、メンバーに「まずいんじゃないか」と話した。すると「敵の味方をしやがって」「裏切り者、スパイ」と糾弾された。

疑問を持ちながらも週末のデモに月二回程度参加すると、友人が増えていった。デモの場が「居場所」となっていた。迷いが消えたわけではなかったが、意見の対立によってデモの場を失い、友人関係が切れるのが怖かった。

ある日、他のメンバーが「過激なデモはおかしい」と意見を述べたことがあった。今度は、鈴木自身が「あいつはスパイで情報を流しているかもしれない。気をつけろ」「あいつは在日じゃないか」などと吹聴し、そのメンバーを追い出した。

「場の雰囲気に流され、感覚がまひしていきました」

デモに異議を唱えるのはやめ、参加し続けた。韓国との国交断絶を訴え、「犯罪外国人を叩き出せ」「通名廃止」などと繰り返し叫んだ。在日コリアンのことを「ゴキブリ、ダニ」と呼んでも平気になり、「死ね、殺せ」「コンテナに詰めて朝鮮半島に送り返せ」などと発言は次第にエスカレートした。

日々の情報はネットから得ていた。在日外国人の凶悪犯罪件数が多いなどと主張するサイトに「真相」を探し求めた。マスコミが報じない情報に触れ、「真実を知った気分になった」

という。凶悪犯罪が報じられると、条件反射的に「在日の犯行じゃないか」と思い、マスコミ報道は国籍や本名を隠していると固く信じていた。

動画投稿サイトには今も、デモの先頭を歩く鈴木の姿が残っている。「在日中国人を一人残らず叩き出せ」と雄叫びを上げ、ナチスのハーケンクロイツ旗を掲げる。黒の覆面、ヘルメット姿。敬礼もナチス式だ。

二〇一四年にはデモの主要メンバーになり、「突撃隊長」と呼ばれるようになっていた。当時所属した団体の代表は、ブログに「敵対勢力を痛烈に攻撃する頼もしい姿」から名付けた、と理由を記している。

差別的な言動の繰り返しが、ヘイトクライムにつながるまで時間はかからなかった。

「朝鮮人が襲撃してきたんだから、何をやってもいいと思った」

二〇一四年八月、仲間一〇〇人以上と都内の居酒屋でデモ後の打ち上げをしていると、同じ店に、ヘイトスピーチに反対するカウンター側の男性七人が入ってきた。

「何しに来た朝鮮人!!」

怒号とともに彼らを襲い、けがを負わせた。被害者の男性は「私がもし在日コリアンだったら、もっと恐怖を感じたと思う。まさにヘイトクライムでした」と振り返る。

同年一〇月、鈴木は傷害容疑で逮捕された。二〇日間の勾留中に思いを巡らせたのは、会社の同僚、親、そしてデモ仲間に迷惑を掛けたことだった。罰金五〇万円で略式起訴され、謹慎の意味でデモにはもう関わらないと宣言した。

デモ仲間との関係はすぐには断ち難く、つきあいはそれなりに続けていた。ただし、デモ自体には参加しないようになり、仲間から「カウンター側とつながっているのでは」と疑いの目を向けられるようになった。「スパイ、裏切り者は叩き出せ」と面罵され、SNS上でも中傷された。

在日コリアン男性が救ってくれた

窮地を救ったのは、一人の在日コリアン二世の男性だった。

「脅迫とか嫌がらせがあったら何でも言ってこいよ」

ある日、カウンター活動をしている男性からツイッター上でメッセージが送られてきた。男性は、鈴木が「転向」したことで嫌がらせを受けていることをツイッターで知った。「圧力に屈して再びデモに戻らないでほしい」との一心で送ったという。

「自分が攻撃してきた在日コリアンがなんでこんなことを言ってくれるんだろう」

感謝と同時に申し訳ない気持ちになった。「どうしたら許されるのか」、そう尋ねると返信があった。

「許してもらおうと考えるのではなく、自分が何をしてきたかを書き連ね、許されなくてもいいから二度としないと決めてほしい」

自分の何が間違っていたのか。ネット上で正直に書き綴った。

　何年も在日コリアンなどを標的に攻撃してきたこと。「在日コリアンは納税していない」などの「在日特権」が完全なデマであると知ったこと。デマに乗せられ、ヘイトデモに参加していたと気づいたこと。多くの人を傷つけ、なんてバカなことをしてしまったのかという思い——。

鈴木はカウンターの人たちとも連絡を取り、直接会って謝罪した。

「してきたことを忘れないで、幸せになりなさい」

「出会いを大切にして」

返ってきた言葉に涙がほおを伝った。

なぜ、デモであれほど過激な振る舞いができたのか。鈴木はこう振り返る。

「『表現の自由』を盾にして、（道路使用）許可を得ているので何を言っても許されると思っていました。デモに反対する人が迫ってきても、近くにいる警察官が守ってくれるという安心感がありました。自分たちが優位にいる感覚でした」

差別的な行為を、結果的に社会が許容している構図が浮かび上がる。

一方、苦い過去は簡単に消せない。ネット上には今も、デモや街宣をする自分の映像が残る。鈴木はヘイトデモから足を洗った後、アジア出身のアイドルのファンになった。少し前の自分は、彼女たちを傷つけるようなことばかりしていた。自責の念に駆られる。新しい出会いがあるたびに、ヘイトデモに参加したことが発覚しないか、おびえることもある。鈴木の過去を知り離れていった人もいる。ヘイトスピーチ活動で得たものは何もなく、失うものばかりだった。

鈴木は今もヘイトスピーチを続ける人たちにこう伝えたいという。

「一日も早く止めてほしい。これ以上傷つく人を増やさないでほしい。貴重な時間と出会いをムダにしないでほしい」

取材に応じることで、自らの加害と後悔を言語化し、差別との決別を確認しているように見えた。

高校無償化排除という「官製ヘイト」

これまでヘイトクライムやヘイトスピーチが、民間の個人または集団で行われていることに触れてきた。しかし、そうした行為が野放しになっている背景には、法規制がないことに加え、「差別をしても構わない」という空気を生み出す政府や公人による姿勢がある。「官製ヘイト」と呼べるものだ。

在日コリアンについて言えば、特に朝鮮学校の高校無償化除外がこれにあたると言える。経緯を紹介したい。

二〇一〇年一月、民主党の鳩山由紀夫《はとやまゆきお》首相は、衆議院本会議の施政方針演説で、各種学校も含めた「高校の実質無償化」方針を打ち出した。同年三月には、「高校無償化法」が成立し、各種学校に位置づけられていた外国人学校に通う生徒にも平等に就学支援金を支給することになった。

全国各地の中国人やブラジル人が通う外国人学校四二校が対象に認められた一方で、朝鮮学校への認可は「保留」された。やがて民主党政権は退陣し、二〇一二年一二月、保守色の強い第二次安倍晋三政権が誕生する。下村博文《しもむらはくぶん》文部科学相は「朝鮮学校については、拉致問題の進展がないこと、朝鮮総連と密接な関係にあり教育内容、人事、財政にその影響が及んでいることなどから、現時点での指定には国民の理解が得られない」と語った。翌年、政府は、各都道府県で朝鮮学校を運営する「朝鮮学園」を不指定処分とした。

こうした動きを受け、東京、愛知、大阪、広島、福岡の五校の朝鮮高級学校が国を相手取り、訴訟を起こした。高校無償化対象の不指定処分取り消し等を求め、地裁、高裁、最高裁で争ったが、二〇二一年七月までに最終的に原告側の敗訴がすべて確定した。朝鮮総連との関係性の強さなどを理由に、無償化排除は不当ではないとの判断だった。

しかし、大阪地裁判決だけは違う判断を示した。二〇一七年七月二八日、大阪地裁第二民事部の西田《にしだ》隆裕《たかひろ》裁判長は、高校無償化から排除した文部科学相の不指定処分を取り消すことを命じたのだ。

判決は「外国人学校の指定については、外交上の配慮などにより判断すべきではなく、教育上の観点から客観的に判断すべきであることが、法案審議の過程で明らかにされた政府の統一見解である」とした。文科相は「教育の機会均等の確保とは無関係な外交的、政治的判断に基づいて本件省令を制定（改訂）して本件規定を削除した」と指摘した。

他の判決では、学園と総連との関係が問題視されたが、大阪地裁判決はこれについても踏み込んだ判断を示した。朝鮮総連は「在日朝鮮人の民族教育の実施を目的の一つとして結成され、朝鮮学校の教育活動、学校認可手続きなどを進めてきた」としたうえで、「歴史的事情に照らせば、朝鮮総連が朝鮮学校の教育活動または学校運営に何らかのかかわりを有するとしても、両者の関連が適正を欠くものと直ちに推認できない」とした。

民族教育はなぜ必要なのか

大阪地裁判決で重要なのは、原告側の立場に立ち、民族教育の意義をきちんとくみとった点だ。

「母国語と母国の歴史、文化についての教育は、民族教育にとって重要な意義を有し、民族的自覚、民族的自尊心を醸成するうえで基本的な教育」

国際基準に基づいて、民族教育がどのようなものであり、なぜ不可欠なのかについて丁寧に触れている。

北朝鮮については、とりわけ日本人拉致問題発覚以降、その体制に否定的な感情を持つ人が少なくない。だから、北朝鮮の体制側の視点で何かを教えることも好ましくない──。そんなありがちな単純な見方に、判決はくぎを刺した。「北朝鮮の指導者や国家概念を肯定的に評価することも、朝鮮学校の教育目的それ自体には沿うものといえる」とし、「朝鮮学校が北朝鮮や朝鮮総連から不当な支配によって自主性を失い、上記教育を余儀なくされているとは直ちに言いがたい」と判断した。

教育内容については「(原告の)大阪朝鮮学園は、学習指導要領に示された教科、特別活動を概《おおむ》ね実施している」とし、「一般的認識や政府見解と異なる内容の記述がある場合には、補助教材を使用するなどしてそれらをも併せ教えるようにしている」と指摘した。

たとえ、北朝鮮の体制に好意的な内容を教えることがあっても、それを客観視できるような環境を作っていれば問題ないとの見方だ。学校教育法に認められた日本の学校であっても、宗教系の学校も多数あり、教育内容や方針には幅がある。一定の特色を出しつつも、特定の教育内容の強制にならないよう公平中立性を担保することが重要だ。

原告代理人の丹羽雅雄弁護士（大阪弁護士会）は、「戦後初めて、司法が良心と法の支配に基づいて、日本国の差別行政をただした画期的な判決だ」と高く評価した。丹羽は、在日朝鮮人の元軍属の戦後補償問題や無年金問題など多くの人権関連の訴訟を手がけてきた。多くの裁判で敗訴し、制度的な壁の前に屈してきた。それだけに、大阪地裁の踏み込んだ原告勝訴判決の意義を人一倍かみしめた。

高校無償化を巡る裁判は全国五カ所で闘われたが、勝訴したのは大阪地裁のみだった。五カ所中四カ所では、いずれも学校の生徒や卒業生が原告となり、国を相手にした国家賠償訴訟（広島は行政訴訟も併合）という形式を取った。しかし、大阪だけは、学校側が原告となり、国の権力行使の是非を問う行政訴訟という形を選んだ。行政訴訟は一般に勝訴することが難しく、勝利判決を得た意味は大きい。しかし、大阪の訴訟も高裁で敗訴し、その後最高裁で確定する。

朝鮮学校の無償化排除という差別は、その後見直される動きもなく、継続している。在日本朝鮮人人権協会は二〇二〇年時点で、制度の適用を受けられなかった生徒は数千人に及び、

「被害額」の合計は一〇億円を超えるとしている。

差別に「追随」する自治体

国が全面的に支える公立学校、私学助成金などで支える私立学校とは違い、朝鮮学校は長い間、孤立無援の状態だった。それでも各地の自治体は、独自の補助金制度を通じて苦しい学校の財政を下支えしてきた歴史がある。

ところが、北朝鮮による日本人拉致問題などを受け、北朝鮮バッシングの空気は急速に強まった。国が高校無償化排除に踏み切る中、自治体も変質していった。大阪府の橋下徹《はしもととおる》知事は、朝鮮学校の教育内容や運営体制を問題視した。金日成《キムイルソン》、金正日らの肖像画が教室に掲げられていることなどを挙げ、「北朝鮮との強い結びつき」を強調した。二〇一〇年三月、橋下は報道陣に対し、「北朝鮮という国と暴力団は基本的に一緒。暴力団とお付き合いのある学校に助成がいくのがいいのか」と語っている。朝鮮学校側は府と交渉したが、約二〇年間続いてきた私立外国人学校振興補助金の支給が停止された。東京都の石原慎太郎知事も、同様の理由で補助金を打ち切った。

国もこうした流れを後押しした。二〇一六年三月には、文部科学省は、朝鮮学校がある二八都道府県に対し、「朝鮮学校に係る補助金交付に関する留意点について」という通知を出した。「北朝鮮と密接な関係を持つ朝鮮総連」が「朝鮮学校の教育内容、人事及び財政に影響を及ぼしている」と指摘。そのうえで「朝鮮学校にかかる補助金の公益性、教育振興上の効果等に関する十分な検討」を促した。これを受け、「右へならえ」の流れが加速し、補助金を打ち切る自治体は増加。二〇〇九年当時に比べ、補助金の額は四分の一程度に減ったとされる。

産経新聞は、朝鮮学校への補助金問題を繰り返し報じている。補助金打ち切りの流れを肯定的に報じ、支給を続ける自治体を強く「問題」視する。日本人拉致問題を強調し、朝鮮学校と朝鮮総連の結びつきの強さを理由に、補助金は不当だという論理だ。記事では、特定の民族を排除することの重大さや子どもが学ぶ権利には触れていない。政治的立場をどう取るかはメディアの自由だが、子どもの人権という視点を欠いたまま学校運営を論じるのは乱暴ではないだろうか。

国連からの勧告

朝鮮学校への高校無償化排除や補助金停止については、政府や自治体が姿勢を変えず、裁判でも国の姿勢を追認する判断が相次ぐ中、国内ではニュースとして取り上げられることは急速に減っていった。そうした中でも、国連機関は人権上問題があることを繰り返し、日本政府に指摘している。

国内では埒《らち》があかないと考えた、朝鮮学校のオモニ（母親）たちは会議が開かれるジュネーブに代表団を送り、差別の不当性を国連の場でアピールし、多くの支援者やNGOも人権侵害の現状を伝えた。そうした動きをふまえ、国連社会権規約委員会は二〇一三年五月、総括所見を発表し、「差別の禁止は、教育の全ての分野で完全かつ直ちに適用される。高校無償化制度を朝鮮学校に通う生徒にも適用されるよう求める」とした。

二〇一四年八月には国連人種差別撤廃委員会も、高校無償化を朝鮮学校に適用し、地方自治体には補助金の再開・維持を要請するよう勧告した。二〇一九年の子どもの権利委員会で採択した日本への総括所見では「高校無償化制度の朝鮮学校への適用を促進するために基準を見直すとともに、大学・短大へ入試へのアクセスに関して差別が行われないよう確保すること」と求めた。

国連機関の判断は、国際的見地に立った普遍的な意味を持ち、重く受け止められるべきだ。しかし、こうした所見や勧告は、日本のメディアではほとんど取り上げられない。国際人権基準に向き合おうとしない政府と同様、放置・黙認するメディアの責任も重大だ。

「この国はいつまで差別を続けるのでしょうか」

朝鮮学校に対する「官製ヘイト」の源流はどこにあるのか。二〇一九年、大阪を拠点に活動するノンフィクション作家で映画監督の高賛侑《コウチャニユウ》は二〇一九年、映画『アイたちの学校 一〇〇年の差別――その闘いの記憶』を制作した。終戦後に設立された朝鮮学校がどのような苦難を経て存続してきたのかを描いたものだ。

韓国・釜山平和映画祭をはじめ国内外で広く上映され、「第三十七回・日本映画復興奨励賞」を受賞するなど高い評価を得ている。

高校無償化制度は当初、外国人学校を広く対象として想定していた。実際に多くの外国人学校が対象になり、朝鮮人学校だけが露骨に除外された。映画の中に登場する前川喜平《まえかわきへい》・元文部科学事務次官が語る。

「私は当時、高校無償化を担当する文部科学審議官でした。当初は（朝鮮学校も）対象とされていたのに、突然、除外対象になった。これは明らかに官製ヘイトですよ」

政治的に作られた差別によって、不利益を受けるのは在日コリアンの生徒だ。二〇一七年七月、関連する訴訟のうち唯一勝訴した大阪地裁判決（その後、高裁で敗訴後に確定）の後に集会が開かれた。そこでチマ・チョゴリ姿の女子生徒がこう訴える。

「きょう、裁判を聞きながら、私たちは手を握り合って、抱き合って泣きました。やっと、やっと、私たちの存在が認められたんだ。私たちはこの社会で生きていっていいんだと。そんな風に言われている気がしました。差別は差別を生みます。それ以外は何も生まれません。

この世に差別されるべき人など一人もいてません」

朝鮮学校に通う生徒たちは、学校の中では原則、朝鮮語を使うが、日常では日本語を使う。それでも日本語に変換しない単語が一部あり、「ウリハッキョ」もその一つだ。ウリは「私たち」、ハッキョは「学校」を意味する。ウリハッキョは終戦後、日本にとどまった朝鮮人が闘ってきた歴史の象徴であり、心の支えでもあった。言い換えないのはそれだけ大事な意味を持つためだ。

女子生徒は最後に誓った。

「ウリハッキョの未来は必ず私たちが守っていきます。アボジたち、オモニたち、そしてみなさん、素晴らしい歴史の一ページを勝ち取ってくださって、本当にありがとうございます」

監督の高は映画を製作した理由をこのように語っている。

「戦後、日本政府は朝鮮学校閉鎖令を出すなど、朝鮮学校を徹底的に弾圧しました。現在の高校無償化排除に至るまで、政府による朝鮮学校差別の姿勢は一貫しています」

高はその後、二〇二二年には入管施設の長期収容問題等に焦点をあてた映画『ワタシタチハニンゲンダ！』を制作した。二〇二一年三月、スリランカ人女性のウィシュマ・サンダマリが名古屋入管施設で死亡した事件が起きる。極度の体調不良を繰り返し訴えながら、ウィシュマは適切な医療を受けられないまま、死に至った。誰も刑事責任を問われないままで、遺族らは国に損害賠償を求めて係争中だ。

ウィシュマ以外にも国内の入管では二〇〇七年以降だけで、一七人の外国人が病気や自殺などで亡くなっている。ベトナム、イラン、カメルーン……。出身国がアジア、中東、アフリカに偏っているのは明らかだ。高は憤る。

「こうした入管施設の外国人への差別的な対応は、朝鮮人弾圧の歴史の延長線上にあるのでしょう。この国はいつまで差別を続けるのでしょうか」

「官製ヘイト」は長い歴史の中で醸成、維持されてきたものだろう。その矛先は一貫して、他民族に向かう。

国会議員による「民族衣装のコスプレおばさん」発言

政府による制度的な差別以外でも、公的な立場で、影響力を持つ人物が差別に加担する事例はある。高い地位の公務員や議員による差別発言はその最たるもので、「差別をしても許されるのだ」と多くの人が感じてもおかしくない。

自民党の杉田水脈《すぎたみお》衆院議員は、ＬＧＢＴ（性的少数者）や性暴力被害者、在日外国人に対して差別発言を繰り返し、そのたびに問題とされてきた。落選中の二〇一六年には、ジュネーブの国連女性差別撤廃委員会に参加。日本から訪れたＮＧＯグループの女性らを取り上げ、自身のブログやフェイスブックで「ハッキリ言って小汚い」「チマ・チョゴリやアイヌの民族衣装のコスプレおばさんまで登場。完全に品格に問題があります」などと侮蔑的な言葉をつづった。「ハッキリ言います。彼らは、存在だけで日本国の恥さらしです」とこきおろした。これらの中傷と一緒に、チマ・チョゴリを着た在日コリアン女性ら三人を撮影した写真を掲載した。

こうした差別的な書き込みは国会でも取り上げられた。二〇二二年一二月二日の参議院予算委員会で、野党から追及されたことを受け、「配慮が足りなかった」などとして陳謝し、書き込みを削除。一二月六日の衆議院総務委員会でも同様に謝罪した。

杉田の一連の差別発言に関し、人権関連のNGO関係者らが抗議署名を呼びかけると、五万人以上の署名が集まり、法務省に提出された。厳しい世論を受け、杉田は一二月二七日、総務政務官の職を辞任した。総務相に辞職願を提出した杉田は記者団に、「私自身信念を貫きたいと思う一方で、内閣の一員として迷惑をかけるわけにはいかない」と辞任決断の理由を語った。形式的に謝罪はしたものの、発言の内容を反省した様子は伝わってこない。

チマ・チョゴリを着て国連の会議に参加し、杉田に「コスプレおばさん」と中傷された大阪府在住の女性三人は、二〇二三年二月、大阪法務局に人権侵犯被害を申し立てた。投稿内容を差別と認定し、杉田からの謝罪を求めたほか、公共図書館での杉田の著書の閲覧制限などを要求した。

そのうちの一人、在日コリアン三世の六〇代の女性に話を聞いた。国連の会議に参加して帰国直後に杉田の書き込みを読み、当初は無視しようと決めていた。しかし、六年後に国会で取り上げられたことを受け、「やはり黙っていてはいけない」と思い直し、仲間たちと申し立てを決めた。

チマ・チョゴリは民族の象徴だが、女性は日本生まれの在日三世で、日常的に着るものではない。むしろ、この女性が長く遠ざけていたものだった。厳しい差別があった子どものころ、家族は全員、日本名を名乗ってルーツを隠して生きていた。女性は、親類が結婚式などで時折着るチマ・チョゴリを肯定的に見ることができなかったという。

その後、女性は進学した大学で朝鮮語を学び、自身の民族的アイデンティティーを表現して生きたいと思い、本名を名乗るようになる。チマ・チョゴリで卒業式に出席するため、大阪の町を歩いた。民族は隠すものではない。

「堂々と生きていいんだ」

そう確信した。

チマ・チョゴリは自身の誇りを取り戻した象徴であり、杉田の発言は許せるものではなかった。女性は「私の両親は今も差別を恐れて日本名を名乗っている。チマ・チョゴリを揶揄《やゆ》する発言は、そんなふうにうつむいてしか生きられない人たちまで差別していることになります」と話す。

マジョリティーには見えていない差別の実態

差別は、明らかな敵意や悪意、暴力性をもった集団や個人が行うものばかりではない。第三章で示した「憎悪のピラミッド」の最下層には「偏見」がある。相手を完全に排除する気はないものの、偏見をもとにして軽い気持ちや冗談半分で発する言葉であっても、マイノリティーを傷つける場合があり、「マイクロアグレッション」とも呼ばれる。一言で差別と言ってもそれにはグラデーションがあり、マジョリティー側が気づいていないことも多い。それが問題の根深さでもある。

二〇二一年、韓国・朝鮮籍の学生に奨学金を給付する「公益財団法人朝鮮奨学会（東京都新宿区）」が、差別の実態調査を発表した。

日本では、差別に関する調査自体が少ないが、これはヘイトスピーチ解消法施行後初めての大規模な実態調査とみられる。調査の企画、分析の中心となったのは、社会学者の明戸《あけど》隆浩《たかひろ》（法政大特任研究員）と曺慶鎬《チヨウキヨンホ》（立教大助教）だ。

日本の高校や大学、大学院、専門学校等に通う同財団の一〇〇〇人超の奨学生を対象に、二〇一九年一二月〜二〇年二月に調査を実施し、直近三年の経験を聞いた。回答者は、朝鮮半島にルーツを持つ一〇三〇人で、日本生まれが約八割を占めた。

調査結果によると、在日コリアンであることなどを理由に「言葉による嫌がらせ」を受けたとする回答は三〇・九%。そのうち四八・一%は相手が同級生など生徒・学生だった。アルバイト先の客（一六・四%）や学校の日本人教員（一〇・一%）なども多い。「日本人の教員から『北朝鮮のスパイなのか』と言われた」「バイト先で、ネームプレートを見た客から『まともな日本語使えないのか』と言われた」

どれも日頃、信頼を寄せている身近な相手から言われた言葉だけに衝撃は大きい。逆に発する側は、軽い気持ちで、差別の自覚がないことも多い。

ネット上で民族差別的な表現を見たとする回答は七三・九%に上った。差別的な書き込みや記事を見るのが嫌でインターネット利用を控えた人は、「よくある」と「ややある」だけで計二三・七%に上った。ヘイトデモ・街宣について見聞きしたとする回答も七五・七%にのぼる。このうちの二一・三%が「日本で生活することに不安や恐怖を感じた」と答えた。

差別的言動を受けた人の七三%が「不快に感じた」と回答。一〇・一%が「韓国人・朝鮮人である自分を嫌だと思った」と答えた。「日本人に生まれたかった」という自由回答もあった。自身も在日コリアンである曺は、調査結果に危機感をあらわにする。

「差別を受けた学生たちの精神的打撃は大きい。自死にまで追い込まれる事態も起こりかねない」

朝鮮奨学会の権清志《クオンチョンジ》代表理事は回答をふまえ、「学生たちは文字通り心から血を流していると思う」と語る。権は学生時代に下宿先探しで入居差別にあったり、バイト先で日本名の使用を求められたりした。

「でも今は、ネットなどで公然と差別が行われ、私の学生時代よりもさらに悪くなっていると思います」

日常にひそむ差別

朝鮮奨学会の調査と並行し、在日コリアンの若者たちに差別被害の実態について取材をした。統計データでは分からない差別を受ける側の本音や苦しみを具体的に知りたいと考えたからだ。取材に応じてくれた二人の体験を紹介したい。

都内の医療系専門学校に通う在日コリアン女性（二一歳）は、細胞分裂について学ぶ授業の際に教師が発した言葉が胸に刺さったままだ。

「韓国とか朝鮮も民族同士で分裂しているじゃない」

その時、教師は女性の顔を見ながら話したという。女性は民族名である本名で通っており、教師は在日コリアンであることを知っていたはずだ。

「ここに居場所があるのかな」

自分の存在を否定された気持ちになった。仲の良い同級生から、冗談交じりに「まじお前韓国に帰れ」と言われたこともあった。高校までは朝鮮学校に通っていた。今は以前より差別に遭うことが多いと感じる。

「日本の社会がちょっと怖い。と同時にそれに慣れてしまっている自分が一番怖い」

兪在浩《ユジェホ》（二三歳）は、名前を取り戻した経験を語った。駒沢大学入学時、日本名で入学関係書類を提出すると「通称名使用願」を出すことを促され、署名捺印《なついん》した。そこには〈在学中一貫して通称名を使用することとし、中途において変更することは認めない〉〈通称名を使用することによって本人に不利益が生じたとしても、本学は一切その責を負わない〉とあった。

「朝鮮人として誇りを持って生きたい」

さまざまな出会いを通して、そんな思いが芽生え、大学窓口に「学生証の記載を本名に変えたい」と申し出ると、職員から変更はできないと告げられた。諦めきれず、副学長に直接お願いした。すると、大学側は兪に対し、今度は「本名使用願」を出すよう求めた。

大学側から送られてきた使用願のひながたには、「一貫して通称名を使用する」と承諾したのに変更したことを謝罪する文言が書かれていた。二〇一八年三月、自身と父親の署名・

押印をした上で提出。大学は翌四月、学生証など書類上の本名使用を認めた。本名への変更を申し出てから一一カ月。

「名前の選択だけでここまでしなくてはならないこと自体、在日朝鮮人としての尊厳を踏みにじられているように思う」

屈辱的な思いは今も残る。この件については毎日新聞が二〇二一年三月に報じた後、大学側は「歴史的背景に対する配慮を欠いた対応」だったなどとして謝罪し、運用を改めた。

ＭＢＳラジオが差別発言を擁護

ヘイトスピーチやヘイトクライムがなくならない背景には、日本のメディアが欧米諸国と比べ、こうした問題に厳しく対応していないという面もある。厳しく追及するどころか、差別発言を容認、加担したと言える事態も起きている。

問題となったのは、ＭＢＳラジオ（大阪市）が二〇二三年二月二一日に生放送した情報ワイド番組『上泉雄一《うわいずみゆういち》のええなぁ！』。コメンテーターとして登場した経済評論家・上念司《じょうねんつかさ》が、朝鮮学校について「スパイ養成的なところ」などと差別的な発言をしたのだ。

もう少し詳しく紹介したい。北朝鮮が続けるミサイル発射実験に関し、アナウンサーが「日本は何ができるか」と尋ねたのに対し、上念は「全然やることいっぱいありますよ」とし、「今回、日米合同訓練やりましたよね。報復でね。プラスね。朝鮮総連が資金源なんで、朝鮮総連に対する監視を厳しくする」（一部略）と持論を展開。「この手の独裁国家にありがちなんですけど、子どもを巻き込むんですよ。朝鮮学校という学校がまさにこの独裁者ね、金正恩を礼賛する教育をやっている」とし、「これ、いいんですかと。公的助成なんてとんでもない話だし、さらにここのOBがね、日本人の拉致に関わっていたりするわけですよ、スパイ養成的なところもあったりとか。こういうのやっぱガチで査察を入れたりとかね」と語った。ミサイル発射と朝鮮学校を直結させる典型的な暴論だ。

問題は何重にも根深い。上念の発言を生放送で流してしまったこと、アナウンサー他がその場で謝罪や撤回をしなかったことにとどまらない。放送後、番組や会社が発言の問題を認識しないまま擁護、支持したことだ。

番組は放送当日以降もインターネット上に配信しており、この発言は徐々に広まった。在日本朝鮮人人権協会（東京都）の傘下にある関西の三団体は三月三日付でMBSラジオに質問状を送付した。同社は一〇日、ネット上の番組から当該発言のみを削除し、番組内でアナウンサーが謝罪した。一六日には番組全体を削除した。

そうした中で三月一七日、MBSラジオの定例会見があった。会見は、普段からテレビやラジオを担当する各社の学芸部、文化部などの記者が通常参加するが、この日は特別に許可をもらい、記者（鵜塚）も参加した。会見の主目的は、春の番組改編の説明で、局側の担当者が新番組などを説明する。関連の質問が途切れたところで、ヘイトスピーチ問題の取材に力を入れる共同通信の角《す》南《なみ》圭《けい》祐《すけ》記者が「上念発言について改めて局の見解をうかがいたい」と問うた。

有貞直明コンテンツデザイン局長は「現在の朝鮮学校と過去の事案とを区別する形では聞こえず、リスナーや関係者を傷つける表現があった」「配慮に欠ける表現があった」とする一方で、「ヘイトスピーチには当たらない」と釈明した。さらに「スパイ養成的」の前後の発言については「ある程度は事実に即している」と擁護した。

予想外の反応にあ然とし、私も「上念氏は、ツイートで開き直ったような姿勢を示している。これをどうとらえますか」と質問したが、「内容を確認していない」とかわした。会見の空気は明らかに一変し、メーンの放送担当記者も質問内容を変えて上念発言の追及に加わったが、のらりくらりとした対応が続いた。

ＭＢＳラジオ側の対応は揺れた。会見で上念の発言を擁護する一方で、三月二三日には上念の降板を発表した。ツイッターで、「朝鮮学校をめぐる発言に関し、上念司さんと協議をしてまいりました。その中で、上念さんとＭＢＳラジオの間で今後の情報発信についての考え方に開きがあることが分かり、最終的にご出演の継続は困難という判断に至りました」と伝えた。

「数字」を稼げればいいのか

三月二四日、在日本朝鮮人大阪人権協会の文時弘《ムンシホン》事務局長らは、朝鮮学校の保護者らと計一五人でMBS本社を訪問し、有貞局長ら幹部と面会した。「いかなるヘイトも容認しない」という会社の立場を明確にし、再発防止を求める抗議・要請書を提出した。

文によると、話し合いは約二時間に及び、有貞局長らは「誤解を与えたことは申し訳ない」などと述べる一方で、「ヘイトスピーチにはあたらない」との見解は撤回しなかったという。上念を降板させたことについても「発言の問題性を受けてのものではない」とした。保護者らは「(北朝鮮の)情勢が緊迫するたびに、子どもたちに無事に帰ってくることを毎日願っている。その気持ちが分かりますか」などと思いを伝えた。

局側は後日、要望書の回答を出した。朝鮮学校や民族教育への無理解があったことを認める内容だったが、上念発言の撤回はせず、会社としてのステートメントも出さないとした。こうした不十分な対応を受け、同協会など三団体は四月一日、放送倫理・番組向上機構（BPO）に申し立てをした。

この問題を巡っては、同社の番組審議会でも繰り返し取り上げ、外部識者から厳しい意見が出されたという。幹部や現場責任者が現場の実態を学ぼうと朝鮮学校を繰り返し訪問したり、七月には放送内容を定期的に検証する内部機関「番組向上委員会」を設置するなど改善策をとった。こうした同社の取り組みを評価し、BPOは審議入りを取りやめた。これに関し、文は「是正に向けた取り組みは一定評価するが、局側は問題発言に対する見解を根本的に変えていない。再発防止に向け、踏み込んだ審議をすべきだったのではないでしょうか」と語った。

MBSは二〇二一年一〇月から、上念を番組の火曜コメンテーターとして迎え入れた。同局は当時、起用した理由を「ニュースを分かりやすく伝えるというコンセプトに非常に適している」などと説明していた。ただ、上念はそれまでも人権上、問題がある発言を繰り返していたことで知られていた。生放送というリスクが高い場で、なぜ起用し続けたのか。関西ローカルの関係会社MBSテレビは、人権重視の優れたドキュメンタリー番組を多数作っていることで知られている。別会社とはいえ「あのMBSがなぜ」と私も感じていた。

近年、新聞、テレビ、ラジオとも部数、視聴者数の落ち込みが激しく、販売・広告収入とも下げ止まる傾向は見られない。差別発言が飛び出し「炎上」するリスクがあっても結果的に目先の数字を稼げればいいと考えたのだろうか。それとも差別の危うささそのものを自覚していなかったのか。どちらであってもメディアとしての姿勢に問題があるのは明らかだ。

公共性を持つメディアの役割とは

今回の発言の重大さをふまえ、関係者は四月一日、オンライン集会を開いた。発表者の一人で前述の文時弘が、特に問題にしたのは、上念が朝鮮学校を批判した後に「こういう番組でもこういう話をできるようになったんで、本当にいいことなんですけど」と発言した点だった。文は「こういうものを許すとヘイトが日常化していく。当事者としての危険性を非常に強く感じます。公共性を持つメディアが、こういうものを流すことがどれだけ重い意味を持っているのでしょうか」と問題提起した。

弁護士の豊福誠二は、上念の発言の過去の判例をもとに法的問題点を指摘した。二〇〇九年の京都朝鮮第一初級学校襲撃事件では、在特会メンバーらが「朝鮮学校はスパイ養成機関」という趣旨の発言をし、二〇一三年一〇月の京都地裁判決は、「学校法人としての社会的評価たる名誉を著しく損なう不法行為である」と厳しく問題を指摘した。また、二〇一九年、京都事件の主犯格が「朝鮮学校関係者が日本人拉致に関与した」と発言し、名誉毀損として有罪判決を受けている。豊福はこれらの判例からも「上念の発言は現行法のもとで、民事的、刑事的にも名誉毀損に該当し、社会的規範を優に逸脱する違法なものだ。MBSラジオはそこを見落としている」と語った。

ヘイトスピーチを発する側はしばしば「差別する意図はない」と正当化しようとするケー

スがあり、上念も同様の態度をとっている。これについても、豊福は二〇一六年四月の徳島県教組事件の控訴審判決を引き合いに出す。この事件は、在特会のメンバーら十数人が、県教組が集めた募金の一部を朝鮮学校に寄付したことに抗議し、女性職員らを罵倒した事件だ。判決では「在日の人たちへの支援活動を萎縮《いしゅく》させる効果がある」とし、人種差別撤廃条約の差別にあたると判断した。差別の意図はなくても、結果的に効果があれば問題となるのだ。これをもとに豊福は、上念の発言も「民族教育を受ける権利を制限するという効果があり、人種差別性を帯びている」と追及した。

「日本型排外主義」

ヘイトスピーチやヘイトクライムが生まれる背後にはレイシズム（人種差別主義）があると言われる。レイシズムの研究は極右政党の台頭などとともに欧州で盛んに進められてきた。かつてはレイシズムに走るのは失業者や低収入・低学歴の「下層」であり、そうした層の不安や不満を起点として、移民排斥を中心とした排外主義につながるとの見方が主流だった。

しかし、森千香子《もりちかこ》・同志社大学教授によると、近年の海外の学説では、「人間の不安はレイシズムと自然に結びつくのではなく、国家やマスコミによって人為的に結びつけられてきた」とする考え方が確立されているという。そのうえで、レイシズムが社会の下層から生じるとする考え方を「草の根のレイシズム」とし、国家やマスコミの人為的作用を重視する考え方を「上からのレイシズム」と名付ける。森は前者が後者によって方向付けられ、「上（国家やメディア）の動きに呼応する形で発展するという相互作用の視点から考える必要がある」と主張する。さらに、過激な排外主義運動は「見えやすいレイシズム」である一方、国家やマスコミは社会的な「正統性」を有するため、排外主義的な動きがあっても認識されにくいと指摘する。そうした「見えにくいレイシズム」の把握こそ、「包括的なレイシズム理解」に不可欠だと強調する（「ヘイト・スピーチとレイシズムの関係性」『ヘイト・スピーチの法的研究』法律文化社、二〇一四年）。

また、レイシズムが発露する仕組みを「下層」の不安や不遇感から読み解くことに正面から疑問をつきつけたのは、樋口直人《ひぐちなおと》・早稲田大教授（著書発刊時は徳島大准教授）だ。樋口は著書『日本型排外主義〜在特会・外国人参政権・東アジア地政学』（名古屋大学出版会、二〇一四年）の中で、「排外主義運動の担い手の社会経済的な状況には多様性があり、『しんどそうな人々』からなるという性格規定はできない」と主張する。さらに日本型排外主義は、「外国人の増加や職をめぐる競合といった外国での排外主義」とは背景が違うと指摘し、「近隣諸国との関係により規定される外国人排斥の動きを指し、植民地清算と冷戦に立脚するものである」としている。

第六章

ヘイトクライムと
どう向き合うか

ヘイトデモの桜本地区への侵入を防ぐ市民ら（川崎市で 2016 年 1 月、後藤由耶撮影）

「メッセージ犯罪」の深刻な被害

これまで深刻なヘイトスピーチ、ヘイトクライムの現状と背景について触れてきた。この章ではこうした現実にどう向き合っていけばいいのか、考えたい。

ヘイトスピーチやヘイトクライムの特徴は、直接の攻撃を受けなくても、特定の属性の大勢の人たちが深刻な負の影響を受けてしまう点だ。実際に発言や行為があった場所から離れていても、自分に矛先が向けられていると多くの人が感じてしまう。「メッセージ犯罪」ともいわれる所以《ゆえん》だ。

京都府宇治市ウトロ地区への放火事件後、取材した広範囲の在日コリアンの関係者が「私も狙われるのではないか」「いつか殺されるかもしれない」と感じ、実名で出していた表札を外すようになったなどと話す人も多くいた。

龍谷大学法学部の金尚均《キムサンギュン》教授は、ヘイトスピーチについて、標的とされる属性がある人たちを「二級市民」ないしは「人以下」とみなし、「一定の属性をもつ人々を継続的に、つまり生きながらにして人格権・生存権を否定されながら生き続けることを強いる。ないし、これを扇動する」ものだ、とその害悪を指摘する（『ヘイト・スピーチの法的研究』法律文化社、二〇一四年）。

米国の研究者、クレイグ＝ヘンダーソンによると、ヘイトクライムの被害者には、三つの前提が打ち砕かれるという。一つは、自分はむやみに攻撃されないという信念、二つ目は、世界は生きるに値する場であるという点、三つ目は、自己肯定感だ。

さらに、①持続する感情的苦しみ　②前提の粉砕　③逸脱感情　④帰責の誤り　⑤被害者集団に属する者への影響——という心理的被害に遭うと結論づけている。

三章で紹介した川崎市で繰り返し差別を受けた崔江以子の場合、当初は在日コリアン全体への攻撃、途中からは名指しで脅迫状を送られ、家族まで対象になった。怯《おび》えるストレスによって不眠や難聴、頭痛、じんましんなどさまざまな症状に長期間にわたって苦しみ、さらなる攻撃を避けて自宅の表札も外したという。

京都朝鮮第一初級学校事件で受けた子どもたちの被害も深刻だ。ジャーナリストの中村一成の詳細な取材によると、事件後の子どもたちは、夜泣きや引きこもりなどの症状がみられ、作業服を着た男性を見ると在特会のメンバーだと思い込み泣き叫ぶなどの現象が起きたという。何ら責任がないのに自分が悪いと思い込む「帰責の誤り」という現象もみられた。

ヘイトスピーチ解消法成立へ

近年、都市部でのヘイトスピーチ街宣デモがあまりに露骨な形で繰り返されるようになり、国会でも規制の議論が加速した。

二〇一五年五月、野党は、罰則はないものの禁止規定を盛り込んだ人種差別撤廃施策推進法案を国会に提出した。継続審議となる中で、川崎市桜本地区を標的にしたヘイトデモなどが繰り返され、事態は深刻化した。崔は二〇一六年三月二二日、差別撤廃法案を審議する参院法務委員会に参考人として呼ばれ、桜本での被害を国会で証言した。

「差別があっても法律がないと差別が放置されたままでは、いつか私たちは本当に殺されます」

崔の切実な訴えに反応し、法務委員会の国会議員一〇人が桜本地区へ現地視察に訪れた。三月三一日、国会議員と法務省人権擁護局の職員らが、崔の案内で地域を歩いた。視察後、法務委員長の魚住裕一郎《うおずみゆういちろう》（公明）は報道陣に「現場で立ち上がっている人を支え、根絶を目指したい」と話した。

その後、自民・公明が対策を提出し、これに民進党、共産党などの野党も同調した。二〇一六年五月、「本邦外出身者に対する不当な差別的言動の解消に向けた取組の推進に関する法律」（ヘイトスピーチ解消法）が成立、六月に施行された。

日本は、人種差別撤廃条約が採択（一九六五年）されて三〇年後の一九九五年に同条約に加入した。条約では、差別の禁止・撤廃のための政策、法整備を締約国に求めているが、日本はさらに条約加入から二〇年以上経ち、ようやく人種差別に反対する初の法律ができた形だ。

解消法は、ヘイトスピーチを、国内に居住する日本以外の出身者や子孫（本邦外出身者）に対し、「差別的意識を助長、誘発する目的で公然とその生命、身体、自由、名誉、財産に危害を加える旨を告知し、著しく侮蔑するなど、本邦外出身者であることを理由として、地域社会から排除することを扇動する不当な差別的言動」と定義する。

一方で、「表現の自由」に配慮し、ヘイトスピーチを禁止する規定や罰則は設けられていない。実効性に疑問が残る「理念法」といわれる所以だ。また、保護対象者を「適法に居住するもの」に限定した点も課題とされる。難民認定率が低く、在留資格取得が厳しい日本では非正規滞在となる外国人も多いが、そうした人らは条文上は保護の対象とならない。これについては、議論の過程で、野党や市民団体が強く反発した。その結果、条文には反映されなかったものの、衆参両院での附帯決議や参議院法務委員会の決議で問題点が盛り込まれた。これらをふまえると、「適法居住要件」がない人に対する不当な差別的言動も許されないと解釈される。

与野党が合意して実現した解消法だが、成立までは困難もあったようだ。毎日新聞の取材に応じた法務委員会理事の自民党参院議員・西田《にしだ》昌司《しょうじ》によると、自民支持層にはヘイト行為を半ば容認する人たちも一部いて、法制化に反発する声もあったという。「私は随分たたかれました。『西田は裏切り者だ』と。でも、そういう方々の支持を得られなくなるからといって、やっぱり解消法を作らなければよかったとは後悔していません」

求められる政府の姿勢と「対抗言論」の重要性

ヘイトスピーチを許さないとする法律はできたが、実効性という点では不十分と言え、その後も差別事件は相次いでいる。二〇二一年三月には川崎市ふれあい館館長宛てに脅迫文が届き、同年七月から八月にかけては在日本大韓民国民団（民団）愛知県地方本部や京都・ウトロの在日コリアン集住地域などへの放火事件が起きた。しかし、いずれの事件についても、国は非難声明すら出さないでいた。

外国人人権法連絡会は二〇二二年四月、古川《ふるかわ》禎久《よしひさ》法相に「緊急のヘイトクライム対策を求める要望書」を提出した。ヘイトクライムを含む人種差別根絶のために包括的な差別禁止法を策定することや、政府内にヘイトクライムに対応する専門部署を設置すること、首相や法相がヘイトクライム発生時に明確に非難すること――などを求めた。

要望にあたっては、川崎市で繰り返し差別被害に遭ってきた崔江以子も同行し、古川法相と面会した。出席した師岡康子弁護士によると、古川法相は「ヘイトクライムは犯罪であり、あるまじきこと。厳しく臨むのは当たり前のことだ」と発言したという。大臣が直接被害者と対面し、事件への対応を約束したことは大きな一歩だった。ただ、二三年五月現在、具体的な対策はとられていない。

同連絡会の要望内容にもある通り、差別への対抗策として重要なかぎとされるのが、政府や自治体のリーダーによる「対抗言論」だ。大阪公立大学准教授の明戸隆浩は、法律や条例を補完する意味をふまえ、対抗言論の必要性を強調している。法律や条例などで規定するヘイトスピーチは範囲が限定されるため、「制度に全てを任せるのは無理がある。行政の首長や有力政治家が『許されない』と発信することが、総合的なヘイトスピーチ対策として意味を持つのです」と語る。

第三章で記したように、二〇二二年九月以降、JR赤羽駅ホームでの差別落書きの発見、在日本大韓民国民団（民団）徳島県本部への脅迫文送付、北朝鮮による弾道ミサイル発射実験に伴う朝鮮学校生徒への暴行など差別行為が相次いだ。

こうした差別事案ラッシュを受けて一〇月一九日、立憲民主党の打越《うちこし》さく良《ら》参院議員は、参院予算委で岸田文雄首相に問うた。

「朝鮮学校の子どもたちや在日コリアンの方々を攻撃するのは不合理であり、差別です。総理もそのようにお考えいただけますか」

岸田は「特定の民族や国籍の人々を排斥する趣旨の不当な差別的言動、ましてそのような動機で行われる暴力や犯罪、これはいかなる社会においても許されない」と応じ、ヘイトスピーチ、ヘイトクライムを非難した。具体性には乏しいが、「対抗言論」ととらえられる意義ある発言だった。

打越はさらに続けた。

「バイデン大統領がアジア系住民に対するヘイトクライムが起きた直後に現場に行ったように、まず総理に行っていただいて、被害者の思いを聞き、被害者と共にあると表明していただけませんでしょうか」

これに対して岸田は「連帯の表明につきましては、適当な機会について考え、対応したいと思っています」と回答した。従来からは前進したと言える発言だが、二三年六月現在、具体的な連帯表明はない。

模索する自治体

ヘイトスピーチの具体的な対策については、国よりも自治体が先行している。早い段階で動き出したのは大阪市だった。二〇一四年七月八日、在特会による京都朝鮮第一初級学校への街宣活動に関する民事訴訟で、大阪高裁が「人種差別」と認定し、賠償命令の判決を出した。その二日後の七月一〇日記者会見で、橋下徹大阪市長がヘイトスピーチ対策の必要性に言及した。

橋下市長は大阪市人権施策推進審議会（以下、審議会）に対し、ヘイトスピーチ対策に関して諮問。そこでの議論を受け、二〇一六年一月以降「大阪市ヘイトスピーチへの対処に関する条例」を順次施行した。専門家による審査会がヘイトスピーチと認定すれば、それを発信した当事者の氏名等を一年間、市のホームページ上に公表するという内容だ。

「不逞犯罪ゴキブリくそ〇〇、日本からたたき出せ」との表現行為など、二〇二二年までに一一件がヘイトスピーチと認定された。うち四件については個人の実名が公表され、一件は団体名が公表された。四件はネット上のハンドルネームの公表にとどまり、二件は発信者が不明のままだ。ネット上の悪質な投稿は匿名が大半だが、強制力を伴う調査権限がない市が、発信者を特定するには限界があるという。

一方で、氏名の公表には反発もある。条例の合憲性などを巡り、大阪市を相手取りこれまで三件の訴訟が提起されたが、いずれも市側の主張が認められ、判決が確定している。

東京都では二〇一八年一〇月に、「東京都オリンピック憲章にうたわれる人権尊重の理念の実現を目指す条例」が成立した。東京五輪・パラリンピックの開催を前に、いかなる差別も許さないとする五輪憲章に配慮して作られた条例だ。ヘイトスピーチの禁止規定はないものの、差別的表現の拡散防止措置と事案の概要公表、差別的な目的での公的施設の利用制限などを定めている。

この条例に基づき、都はヘイトスピーチと認定した事案をホームページで公表し、「朝鮮人を東京湾に叩き込め」(一九年五月)などの事例を挙げている。

初の刑事罰条例を成立させた川崎市

神奈川県川崎市では二〇一九年一二月、「川崎市差別のない人権尊重のまちづくり条例(ヘイトスピーチ禁止条例)」が成立した。ヘイトスピーチに刑事罰を科すとした全国初の条例だ。同市内への差別的な街宣が続き、ふれあい館の崔への攻撃が全国的に注目された。行政が事態を深刻に受け止めた結果と言える。

条例は、道路や公園など公共の場で拡声器や看板などを使って外国出身者やその子孫へのヘイトスピーチを行うことを禁じている。同市は、対象となるヘイトスピーチを繰り返す者に対し、勧告、命令を出した後、さらに繰り返した場合、氏名公表や捜査機関への告発を行うとしている。裁判で有罪となれば最高五〇万円の罰金が科される。市は事前に予告されたヘイト街宣には、職員を派遣して監視もしている。条例の施行後もJR川崎駅前などではヘイト街宣が繰り返されているが、以前のような露骨なものはほとんど発せられなくなった。

他にもヘイト対策に乗り出す自治体は続いた。三重県では二〇二二年五月、「差別を解消し、人権が尊重される三重をつくる条例」を成立させた。特徴的なのは、差別被害について相談があった場合、「応じなければならない」と義務づけている点だ。被害者本人だけでなく家族や差別を目撃した第三者も相談ができる。調査に納得しない場合は、知事に申し立てが可能で、知事は第三者機関の意見をふまえて説示や勧告をし、差別事案の概要を県のホームページなどで公表する。

　条例の検討段階から注目されているのは、相模原《さがみはら》市だ。同市の人権施策審議会は二三年三月、本村賢太郎《もとむらけんたろう》市長に対し、ヘイトスピーチ規制の条例制定を求める答申を提出した。市は二三年度中の条例成立を目指して作業を進めている。答申の特徴は、第三者機関「人権委員会」の設置と、ヘイトスピーチに対する罰則や市長による非難声明を求めている点だ。

　同市内では二〇一六年七月、障害者施設「津久井《つくい》やまゆり園」に男が侵入し、入所者一九人を刃物で殺害する事件が起きた。答申は、条例前文に「この事件は障害者に対する不当な差別的思考に基づくヘイトクライムであり、決して容認することはできないもの」などと明示することを求め、「国に対してヘイトクライムに関する法律を制定するよう働きかけを行うこと」も市長に要望した。

　ヘイトスピーチの対策に向けた自治体の動きが広がっていることは歓迎すべきことだ。ただし、全体から見れば条例を制定している自治体はほんの一部でしかない。第一章で紹介したウトロ地区への放火事件の地元・宇治市は、公的施設でのヘイトスピーチ防止のための使用ガイドラインは作成しているが、禁止規定や処罰などを盛り込んだ条例化については「喫緊ではない」として不要と判断している。人権救済という普遍的な課題に、地域差が生じている現実は不合理と言える。

ヘイトスピーチ解消法の成立から五年が経った二〇二一年、川崎市に改めて禁止条例の意義について尋ねた。同市市民文化局長の中村茂《なかむらしげる》(当時)は「(条例は)国に対する自治体からのメッセージだと受け止めていただきたい」と答えた。外国人人権法連絡会によると、二〇一六年六月時点で、全国三〇〇の自治体が、ヘイトスピーチ規制を含めた差別撤廃法の制定を求める決議を上げている。自治体の投げかけをどう受け止めるのか。実効性のある法規制の枠組みをどう作るのか。今後の国の動きが問われている。

地方選挙を舞台に「政治化」されるヘイト

国による解消法制定、自治体による条例制定などの動きを受け、露骨なヘイトデモやヘイト街宣は減少傾向にはある。そうした中、活動の舞台が変化しつつある。象徴的なのが、選挙活動を隠れ蓑《みの》にしてヘイトスピーチを展開する手法で、ヘイトの「政治化」とも言える流れだ。

東京都知事選が告示された翌日の二〇一六年七月一五日、東京都港区の在日本大韓民国民団（民団）中央本部の正面に、一台の選挙カーが横付けし、選挙演説用の旗が掲げられた。選挙権のない在日韓国人の拠点に向け、「選挙運動」が行われるのは異例だ。水色のたすきをかけた「在日特権を許さない市民の会（在特会）」の桜井誠元会長が選挙カーの上から叫んだ。

「さっさと日本から出て行け」

「あなたたちは日本に必要とされていません」

桜井は民団前の街宣で、「（選挙が終わるまでの）一六日間は『無敵』」と語っている。選挙運動期間中は「表現の自由」が普段以上に尊重されることを逆手にとった「宣言」だった。立候補者の発言への批判が選挙妨害とみなされれば、公職選挙法違反となるため、批判を受けにくいことを念頭に置いているとみられる。当選するためではなく、ヘイトスピーチを展開するための選挙戦という性質が色濃い。

この都知事選で桜井は落選したものの、投票者の一・七％にあたる一一万を超える票を獲得した。この結果に手応えを感じたのだろう。桜井は自身が党首となり、排外主義を主張する政治団体「日本第一党」を結成し、二〇一七年の東京都議選から活動を本格化させる。

二〇一九年の統一地方選では、相模原市、東京都新宿区、大阪府八尾《やお》市、福岡県などで複数の候補を擁立した。

桜井は各地の選挙区に入り、応援演説でマイクを握った。選挙を利用して差別をあおる「選挙ヘイト」の高まりに、国側も静観しているわけではない。三月一一日、九州朝鮮中高級学校（北九州市）にほど近いＪＲ折尾《おりお》駅前で、福岡県議選に立候補した第一党候補の選挙演説があった。ここでの桜井の演説について、福岡法務局はヘイトスピーチ解消法におけるヘイトスピーチと認定した。桜井は生徒たちが登校する中、「お前ら日本から出て行けと言われて当たり前」などと発言していた。

法務省人権擁護局は三月一二日付けで、選挙運動で行われるヘイトスピーチについて「選挙運動等として行われたからといって、直ちにその言動の違法性が否定されるものではありません」との見解を各地の地方法務局宛てに通知した。これが福岡法務局によるヘイトスピーチ認定につながった可能性がある。

前述の大阪公立大准教授の明戸は、公的な選挙の場でのヘイトスピーチは「特に社会に悪質な効果を与える」と指摘する。ヘイトスピーチを展開する候補がたとえ落選したとしても、それを支持する人の数が得票数で示されてしまう。それによって、マイノリティーの市民は、打撃を受け、社会に対する信頼感を失う。

「日本第一党」初の議席獲得

二〇二〇年二月に行われた茨城県那珂《なか》市議選では、「日本第一党」茨城県本部長の原田陽子《はらだようこ》が当選した（九月に第一党を離党）。第一党としてはこれが初の議席獲得となった。これに勢いづけられたのだろうか。桜井は二〇年七月の都知事選に再び立候補し、届け出直後の第一声は在日中国大使館前で行った。そして前回都知事選よりも六万票以上も多い約一八万票を獲得した。

その後、「第一党」は国政選挙に活動の場を広げる。二〇二一年一〇月の衆院選では東京一五区に桜井が出馬し、他四名が東京ブロックの比例に立候補した。二二年七月の参院選にも桜井をはじめ、複数人が立候補した。

神奈川選挙区では萩山あゆみ（得票率〇・二％で二二人中最下位）が出馬。同党最高顧問の瀬戸弘幸《せとひろゆき》（選挙後、自身のブログで「最高顧問を辞めた」と投稿）は、川崎市内に応援演説に訪れ、候補者名や政策に触れないまま、いきなり「暴れるな朝鮮人」と声を上げた。車を降りると、同じ文言が書かれたプラカードを掲げ、下校中の小学生が通りかかる歩道を練り歩いた。買い物途中で偶然遭遇したという地元の在日コリアンの男性（四〇歳）は「とても暗い気持ちになる。川崎は多様なルーツの人たちが住む町。どんな属性に向けた差別もやめてほしいです」と顔を曇らせた。

国政選挙では第一党の当選者はまだ出ていないが、この党以外にも排外主義的主張を売りにする政党の候補者は次々に出ている。政局報道を重視する大手メディアは、選挙戦の当落に影響しないとして、落選の可能性が高い「泡沫《ほうまつ》候補」はほとんど取り扱わない。しかし、排外主義的な政党の存在は次第に無視できなくなっている。

野放しの「選挙ヘイト」

二〇二三年にあった大阪市長選には、在特会の元メンバーで複数の差別事件で有罪判決を受けている荒巻靖彦《あらまきやすひこ》が出馬した。選挙戦最終日の同年四月八日夕方、買い物客らでごった返すJR大阪駅北口に、荒巻の姿があった。周辺には迷彩服を来た若者や、日本国旗や「頑張れ、自衛隊」との旗を手にした中年男性ら約二〇人が集まっていた。

荒巻はマイクを握って街頭演説を始め、在日コリアンに対する差別的な言葉をまき散らした。

「皆さん、大阪市の外国人への生活保護は一七〇億円、おかしくないですか。まず、外国人に生活保護を受給する資格はございません。生活保護法にも日本国籍を有すると（書かれている）」

「（受給する外国人のうち）九割が何と在日韓国朝鮮人なんです。日本には一〇〇カ国以上の外国人がいるのに。公権力、マスゴミ、行政、司法、教育、あらゆる政治家から公権力持った連中が、在日韓国朝鮮人にだけびびっておもねるんです」
「（在日コリアンは）この国に何の責任も負わない、何の貢献もしない。害悪でしょう。月に一九万円ですよ、皆さん」

前述の通り、大阪市にはヘイトスピーチ条例があり、差別表現と認定されると公表の対象となる。条例の存在も意識して、過度な暴力的な表現は避けているのだろう。しかし、事実関係には誤りや根拠不明な部分も多く、在日コリアンの存在を不当に貶める表現が随所にあった。

第一章でも触れたが、生活保護法は、保護の対象を「国民」と規定する一方で、厚生省（当時）は一九五四年、困窮する外国人にも生活保護を準用するとした社会局長通知を各都道府県あてに出している。これを根拠に各自治体が外国人を保護対象としているのが実態であり、「受給資格がない」という主張は誤りだ。

大阪市福祉局生活福祉部保護課によると二〇二〇年時点で、大阪市内の外国人の生活保護受給者は七六〇四人で、うち韓国・朝鮮籍は六七五三人で約八九％を占める。荒巻の「（受給者の）九割が在日韓国朝鮮人」との指摘は正しい。しかし、在日コリアンは長く年金制度から排除され、就職差別に遭うなどして高齢になって困窮する人が多く、特別に優遇されているような言い回しは間違っている。生活保護を受給する在日コリアンの多くは、高齢の一人暮らしで、同課は「一人で月一九万円に上るケースはあり得ない」と話す。

荒巻は、第三章で触れた京都朝鮮第一初級学校事件や徳島県教組事件で有罪になっている。驚くのは選挙演説でも経歴を堂々と披露していた点だ。「私は七回逮捕され、一回は懲役に行っている。警察や拘置所、刑務所合わせれば五年間くらい牢屋《ろうや》に入っています」とし、「すべて私利私欲ではなく、反日闘争。主に反日の在日韓国朝鮮人を中心としたタブーとされている連中にけんかを売って、結果を出しています」と自信たっぷりに語った。

刑事事件で立件された過去をどう考えているのか。演説後に尋ねると「私は、日本を愛する者として、当然のことをやっただけ。日本の警察も検察もみなめちゃくちゃだし」とあっけらかんと答えた。出馬の狙いを聞くと、「選挙に勝つつもりはないし、供託金を取られてもいい。目標は三%。それくらい取れれば、私の考えが伝わるかと思っている」と話した。

荒巻陣営が街頭で配ったA4のチラシには、「大阪市の外国人生活保護廃止」「ヘイトスピーチ規制条例を稼働できない仕組みにする」の二つの公約が挙げられている。「目覚めよ大阪人！　子供や孫、将来の大阪市の為に！」とメッセージが書かれていた。

大阪市長選は「大阪維新の会」公認候補の圧勝で終わったが、荒巻は三万九六〇票を獲得した。得票率は公言通りの三・〇%だった。

荒巻の選挙演説について、ヘイトスピーチ条例を施行する大阪市はどう考えるのか。同市の条例は当事者からの申し出があってから審査を行う仕組みで、同市多文化共生担当課は「把握の有無なども含め、個別のケースについて言及することはできない」との立場だ。一方で、「(選挙中の) 政治的意見は民主主義社会の維持や発展のため必要不可欠なものだが、表現によっては個人の尊厳を害し、差別の意識を生じさせるおそれがあることは否定できません」と説明。「政治的意見であっても条例に基づくヘイトスピーチの認定がなされないというようなことはありません」としている。

「選挙ヘイト」を巡っては、川崎市は立候補予定者の事前説明会でヘイトスピーチ禁止条例について説明するパンフレットを配布している。川崎市人権・男女共同参画室は「選挙が不当な差別的言動の免罪符になってはならない。選挙運動も特別視することなく適切に条例を運用していきたい」と毅然とした姿勢を示す。

世界の法規制と日本の立ち位置

ヘイトスピーチやヘイトクライムの規制に関し、海外の取り組みはどうなっているのか。海外事情に詳しい師岡康子弁護士の著書『ヘイト・スピーチとは何か』(岩波新書、二〇一三年) を参考に、主な国の取り組みをみていきたい。

世界的に早い段階でヘイトスピーチ規制に乗り出したのは英国だ。一九三六年には、ファシストによるデモに対する規制を狙いとする公共秩序法が成立した。当時、反ユダヤ主義の高まりを受け、英国内でも排外的な空気が強まっていた。さらに、不況の進行に伴う非白人移民労働者への差別が強まったことを受け、一九六五年には人種関係法が制定された。これをベースにその後も法改正や個別法の制定が繰り返され、効果的なヘイトスピーチ規制の模索を続けている。

米国では、第三章で触れた通り、一九六四年に公民権法が制定され、民族差別を許さないという認識が社会に広がっている。一方で、ヘイトスピーチの規制のあり方については長年、議論が続いてきた。米連邦最高裁は一九九二年、ヘイトスピーチ規制に関する自治体の条例について違憲と判断し、表現の自由を重んじる観点から規制は難しいという見方が強い。

ただし、ヘイトクライムについては、米国各州では、刑罰を加重する州法を定めており、こちらは合憲とされている。同じ差別動機のものであっても表現規制には慎重だが、暴力などの犯罪行為には厳しく臨むという考え方だ。

ドイツでは、ホロコースト（ユダヤ人大量虐殺）の反省から、ヘイトスピーチやヘイトクライムには厳しく対応してきた。反ユダヤ主義、排外主義の高まりを受け、一九六〇年に刑法一三〇条の民衆扇動罪が制定。一九九四年には、ホロコースト否定罪も設けられた。

こうしたドイツの法規制の根底にあるのは、保護法益（法律によって守られる利益）を個人的法益ではなく社会的法益に置くという考え方だ。個人の名誉を守ること以上に、差別防止を通じて公共の平穏を維持することが優先されている。

人種差別に関する国際的な取り決めには、一九六五年に成立した人権差別撤廃条約があり、条約加盟国は差別禁止に取り組む責務が伴う。ヘイトスピーチについては、欧米の先進国だけでなくアジアや中東、アフリカ諸国でも刑事規制の対象とする国が増えている。

日本政府は長い間、条約加盟に消極的で、成立から三〇年たった一九九五年にようやく条約に加盟した。一四六カ国目だった。日本は加盟に際し、同条約の第四条（a）（b）について、次のような「留保」をつけている。「日本国憲法の下における集会、結社及び表現の自由その他の権利の保障と抵触しない限度において、これらの規定に基づく義務を履行する」

同条約では人種や民族によるすべての差別やそれを扇動することについて全面的な法律による処罰を求めている。しかし、日本では「表現の自由」が保障されており、これに抵触する恐れがあるため、全面的な受け入れはできないという主張だ。

条約に加盟すると、各国は定期的に報告する義務があり、条約を管轄する国連人種差別撤廃委員会がこれに対し、所見を示し、必要な勧告を行う。

同委員会は二〇〇一年、第四条に「留保」をつけていることに関し、締約国の義務に抵触するとし、人種差別の禁止と表現の自由は両立すると指摘した。さらに、人種差別が刑法において明示的かつ十分に犯罪とされていないことにも懸念を示した。

二〇一〇年には、朝鮮学校生徒に対する不適切な言動やネット上の被差別部落出身者に対する有害な表現等に懸念を示し、第四条の差別禁止規定の完全実施や現行法の効果的な実施を求めた。

同委員会は二〇一八年八月にも、▽直接的及び間接的な差別を禁止する包括的な人種差別禁止法の採択　▽広範な権限を持つ国内人権機関の設置　▽条約第四条に対する留保撤回の可能性の検討——を求めている。

人種差別問題を取り扱う国連自由権規約委員会も、日本のヘイトスピーチ、ヘイトクライムへの規制が弱いことに懸念を示す。二〇二二年一一月の総括所見では、「包括的な差別禁止法がないことを懸念する」「採択する計画に関する情報が得られていないことを遺憾に思う」と迫り、国内人権機関の設置も要請している。

しかし、日本政府はヘイトスピーチ、ヘイトクライム規制に関し、「現行法で十分に対処している」「著しい人権侵害は起きていない」との姿勢を崩しておらず、各国連機関の勧告に目を背けているのが現実だ。

「表現の自由」で差別は許されるのか

日本政府は、法規制が早急に必要でない理由として、「表現の自由」に抵触する可能性を挙げる。民主主義を基盤とする社会で、表現の自由が最大限に保障されるべきであることは大原則だ。ヘイトスピーチ規制は、導入や運用の仕方次第で、国家による恣意的な表現規制につながる恐れもある。ただ、表現の自由はもともと無制限に許されているものではない。現行の法律上でも、逸脱した表現は脅迫罪、侮辱罪、名誉毀損罪などに問われる場合はたくさんある。

また、ヘイトスピーチは特定の属性の人々に対して強い恐怖や心理的打撃を与え、時に相手に沈黙を強いてしまう点も重視したい。発信する側の「表現の自由」を重んじることで、結果的に相手の表現行為を封じてしまうのであれば、本末転倒と言える。

差別規制の法制化を求める声は強い。弁護士や研究者らで作る「外国人人権法連絡会」は二〇一五年二月、ヘイトスピーチ規制などを盛り込んだ「人種差別撤廃基本法」モデル案を発表した。同会がこれをもとに国会議員に法制化を働きかけた結果、モデル案から内容的に後退する形となったが、二〇一六年五月のヘイトスピーチ解消法の成立につながった。

二〇二二年四月には、ヘイトクライム対策なども盛り込んだ包括的な形での「人種等差別撤廃法」モデル案を発表した。「人種差別のない多民族多文化共生社会の形成」を法律の目的とし、人種差別に関する相談や教育、啓発に関する国や地方自治体の役割を規定した。警察や検察、裁判所は、差別犯罪と判断した場合にその事情を考慮して、捜査や起訴、量刑にあたるとしている。また、人種差別の被害救済や課題解決に向けた国内機関「人種等差別撤廃委員会」を設置することも定めている。さらに同会は、外国人の人権全般に配慮した「外国人・民族的少数者と移民・難民に関する人権基本法」モデル案の策定作業も進行中で、二〇二四年春の完成を目指している。

ネットヘイト対策の課題

民族差別の他、悪質な女性差別など、インターネット、とりわけSNS上には毎日膨大な量の誹謗中傷の書き込みがあふれている。どのような対策をとるのかは喫緊の課題だ。

大きく動き出すきっかけになったのは、女子プロレスラーの木村花《きむらはな》がネット中傷を受けたことを苦にした末に自ら命を絶ったことだ。テレビ番組での振る舞いをきっかけに、SNS上で執拗《しつよう》に誹謗中傷を受けた木村は二〇二〇年五月二三日、二二歳の若さでこの世を去った。

この出来事を受け、ネット上の中傷への対応が急速に進んだ。刑法の侮辱罪が改正され、新たに懲役刑と禁錮《きんこ》刑、罰金刑が加わった。また、中傷した相手の責任を問いやすくするために、プロバイダ責任制限法が改正された。従来は、中傷した相手に対して民事訴訟を起こすためには、プロバイダーに繰り返し法的手続きをとって相手の個人情報を開示させる必要があったが、この手続きを簡素化させる改定だった。

木村への中傷を巡っては警察も動いた。ツイッター上で「死ねや、くそが」「きもい」などと書いた男など複数の人物が侮辱罪に問われている。

ネット上の誹謗中傷対策は一定の前進をみたが、ヘイトスピーチ対策という観点が抜け落ちている。侮辱罪では、特定の個人や団体への発言は処罰対象になっても、民族など不特定多数の集団を対象にしたヘイトスピーチは対象にならないのが現状だ。ネット上のヘイトスピーチは深刻な状態が続いており、プラットフォームの責任も問われる。

毎日新聞が二〇二三年五月一八日、「ヤフーニュース」に配信した記事には、大量のヘイトコメントが書き込まれた。記事は、前述の在日コリアン女性、崔江以子がネット上で繰り返し差別投稿を受けたとして、投稿者を訴えた裁判に関する記事だ。コメントの多くは「日本が気に入らんなら出てけよ」「祖国に帰って下さい」という差別的なもので、五日間経過した五月二二日時点でコメント数は「千件」と表示されていた。

ヤフコメの投稿に関しては「コメントポリシー」が定められており、差別的発言やヘイトスピーチは明確に禁止されている。これまで匿名性の気軽さからひどい書き込みが相次いだことから、ヤフーは二〇二二年一一月以降、ヤフコメに投稿する際には、携帯電話番号の登録を必須とした。

前述の毎日新聞の配信記事に関し、差別的なコメントが多数残っていたことについて、どう考えるのか。ヤフー広報は「一部の悪意のある利用者や投稿については、AIや二四時間三六五日稼働している人的パトロールにより、適切に排除しています。場合によっては当該記事のコメント欄そのものの閉鎖も実施しています」とメールで回答した。

また、関連して「プラットフォーマーとして責任をどう考えるのか」「ネット上のヘイトスピーチがヘイトクライムを誘発しているとの指摘をどう受け止めるか」についても尋ねたところ、「当社は人権侵害や差別に当たりうる投稿や、犯罪行為を一切許容しません。（中略）今後もユーザーの皆様の信頼・利便性向上のために、不適切な投稿の抑止と削減に全力を尽くしていきます」などと答えた。

第一章、第二章でも見た通り、ネット上のヘイトスピーチは容易にヘイトクライムにつながってしまう。甚大な影響力を持つプラットフォーマーやネット事業者が、さまざまな差別行為、差別犯罪につながる場を提供している現実は否定しようがない。そうした業者が提供するサービスの利便性を享受する私たち市民も含め、規制のあり方を真剣に考える時期に来ている。

第七章
ヘイト解消への希望、共生

「ウトロ平和祈念館」開館一周年を祝う「ウトロ農楽隊」（京都府宇治市で 2023 年 4 月、山崎一輝撮影）

地方参政権を求めて

第六章では、ヘイトクライムやヘイトスピーチをなくすための法規制、対策について考えてきた。最終章では、もっと根源的な問題を考えたい。差別をなくすためには、私たちはどういう社会を目指せばいいのだろうか。

日本社会には、差別や偏見につながるような制度的な問題がいくつもあると指摘されている。その一つが、外国人住民とりわけ永住外国人に参政権を一切認めていない点だろう。在日コリアンだけでなくニューカマーも含めた永住外国人が増えている今、同じ市民としての権利について考える時期に来ている。

二〇二〇年春、在日コリアンの住民や学者、弁護士らが「在日外国人の参政権問題プロジェクトチーム」（代表・田中俊《たなかしゅん》弁護士）を発足させた。二〇二二年一二月以降、大阪、京都、熊本、広島、東京、長野、滋賀の計七都府県で集会を開催した。永住外国人の参政権を求める要望を各地でとりまとめ、二〇二三年三月末に政府に提出した。

「永住外国人の地方参政権については四半世紀以上前に、議論を進めてもよいとする「ゴーサイン」が出ている。一九九〇年代、在日コリアン住民らから地方参政権を求める訴訟が相次いで提起された。九五年二月の最高裁判決は、住民側の訴え自体は棄却したが、「地方公共団体の長、その議会の議員等に対する選挙権を付与する措置を講ずることは、憲法上禁止されていない」との見解を示した。ボールが立法府に投げられた形だ。

最高裁判決以降、民主・公明、共産など各党が法案を相次いで提出したが、議論は深まらなかった。二〇〇九年以降の民主党政権で参政権実現の機運が一時高まったが、実現には至らなかった。外国人地方参政権に理解を示す議員は与野党ともに一定数いたが、一時野党に下った自民党が民主党への対抗上、参政権反対を強く打ち出したためだ。

近藤《こんどう》敦《あつし》・名城大教授の調べによると、少なくとも世界六九カ国で、何らかの形で外国人の地方参政権が認められており、大きく「定住型」「互恵型」「伝統型」に類型化されるという。定住型は、一定期間暮らす定住外国人に国籍を問わず地方参政権を与えるもの。互恵型は、EU加盟国同士など、互いの出身者に地方参政権を与えるもの。伝統型は、かつての旧植民地など歴史的つながりがある国の出身者に地方参政権を認めるものだ。

在日コリアンの場合、日韓併合後の植民地下では、日本国民とされたが、戦後の一九五二年には一方的に国籍を剝奪され、外国人とされた。その後、永住権を与えられ、日本生まれの在日コリアンが増えたものの、地方参政権はいつまでも付与されない。近藤教授は「在日コリアンの三、四、五世の代になっても選挙権が与えられていない日本の現状は、世界的にみても極めて異例でしょう」と話す。

外国人地方参政権については、国際機関も日本政府の姿勢に繰り返し疑問を示している。

二〇二二年一一月の国連・自由権規約委員会は「在日コリアンとその子孫に地方選挙で投票権を行使できるよう関連法の改正を検討すべき」と日本政府に勧告した。

プロジェクト事務局を務める「多民族共生人権教育センター」（大阪市）の文公輝《ムンゴンフィ》（五四歳）も「永住外国人だけで約一一〇万人（永住者、特別永住者）もいる中で、地方参政権の付与はもう待ったなしの状況ではないでしょうか」と語る。文は大学卒業後、公務員を志し、大阪市職員の試験に出願するが、「国籍条項」の壁で断念。大阪人権博物館（休館中）の学芸員として長く働き、二〇一七年から同センターで勤務する。

地方参政権の獲得に向けて動いている文は、強い逆風を感じるという。近年、各地でヘイトスピーチやヘイトクライムが相次ぎ、在日コリアンへの差別が深刻化しているためだ。文の勤務先近くの大阪・鶴橋では二〇一三年、差別的な街頭宣伝デモが繰り広げられた。近年は京都・ウトロ地区への放火事件が起き、北朝鮮によるミサイル発射実験のたびにネット中傷が絶えない。文は「歴史的経緯を見れば、当たり前とも言える権利を主張するだけでたたかれてしまう。攻撃されることを恐れ、若者から高齢者まで多くの永住外国人が声を上げなくなってしまいました」と語る。

少子化、人口減が進む中、日本の将来は外国人住民の存在が大きなかぎになるとされている。近藤教授は「在日コリアン以外にも多くの外国人が永住する中、『社会統合』という観点で地方参政権は重要な柱になる。参政権を認め、同じ住民として受け入れることで、本当の多文化共生が実現し、社会の安定にもつながります」と提言する。

「逆流」する住民参加の流れ

外国人の地方参政権は実現していないが、各地の自治体で、住民投票という形で地方行政に参画する動きはかねてから進んできた。神奈川県逗子《ずし》市と大阪府豊中《とよなか》市は、一〇年以上前に外国籍住民にも投票資格がある住民投票条例を制定した。毎日新聞の報道によれば、逗子、豊中両市によると、当時の議論で国籍要件は問題視されなかったという。

しかし、外国籍住民が地方行政に関与していくという多文化共生の流れが、近年になり逆流し始めている。強い拒否反応がみられたのが、東京都武蔵野《むさしの》市での出来事だ。二〇二一年一一月中旬、市が外国人にも投票資格を与える住民投票条例案を発表すると、「武蔵野市が外国人に乗っ取られる」などと外国人を差別する主張がネット上にあふれ、市内の路上でも繰り広げられた。条例案は、市内に三カ月以上住む一八歳以上の市民に投票資格を与える「常設型」の住民投票制度で、外国籍住民も日本国籍住民と同条件で参加できるという内容だった。ただし、投票結果には法的拘束力はない。

一一月一一日、産経新聞が条例案の内容についていち早く報じた。その翌日、市は条例案を市議会に提案することを発表した。すると、一一月一七日、ヘイトスピーチ活動で知られる男性が数人の仲間と共に市役所前に現れる。「なんで国籍を有しない外国人に参政権を認める必要があるんだよ」「これは外国人による侵略ですよ」などと、持参した大音量のスピーカーを使って叫んだ。

松下玲子《まつしたれいこ》市長が一一月一九日、市議会に条例案を提出すると、それ以降、排外主義的な主張をする団体が次々に市内に入り、繰り返し差別的なデモや街宣を展開した。

一一月二一日にはJR三鷹駅前に旭日旗を掲げた初老の男性が現れた。マイクを握ると、「在留中国人が日本には一〇〇万人おります。中国共産党の命令によって人民解放軍の兵士になるんです。そして日本人を虐殺しまくる」と主張した。東京都はこの発言について後日、ヘイトスピーチに当たると認定し、公表した。

その後もヘイトスピーチはやまず、ネット上でも差別的な投稿があふれた。そうした外部の声がどれだけ影響したのだろうか。一二月二一日の市議会本会議では賛成一一、反対一四の反対多数で条例案が否決された。

条例案に賛成するある市議のもとには、元々リベラルなはずの支持者から条例案を懸念する声が寄せられた。「乗っ取られる」という根拠のない主張が、多くの地域住民の不安を煽ったことが推測される。

住民の一人で、在日コリアンの映画監督、金聖雄《キムソンウン》は、日の丸を掲げた団体によるヘイト街宣に遭遇し、強い危機感を抱いた。公然と生活圏で排外主義的な活動が繰り広げられることについて、「ヘイトクライムにつながっていくという可能性を感じる」と語った。

松下市長は、武蔵野市で繰り広げられたヘイトスピーチ被害を追った毎日新聞の報道（後藤が取材）を引用し、ヘイトスピーチを非難するツイートを投稿した。ヘイトスピーチ問題に取り組んできた師岡康子弁護士は「市長だけでなく、首相や法務大臣、都知事が『こんなことは許されない』と批判すべきでしょう。それはヘイトスピーチ解消法上の責務です」と訴える。外国人住民との共生を考える重要な機会であるのに、この問題を報道したメディアもごく一部にとどまった。

「朝鮮学校を守ろう」

権力や公人が差別を先導することを「官製ヘイト」と呼び、その代表的なものが朝鮮学校への無償化排除と言えることは第五章で紹介した。

ただ、そうした差別を許さないと声を上げる市民は各地にいる。朝鮮学校の無償化排除に反対する運動で代表的なものは、東京・文科省前で行われる「金曜行動」と、大阪府庁前で行われる「火曜日行動」だ。

火曜日行動は二〇一二年四月一七日に始まった運動で、毎週火曜日の正午に行われる。ちょうど昼休みで外に出てくる大阪府職員に呼びかける狙いもある。高校無償化は国が握る事項だが、大阪府も朝鮮学校への補助金停止の姿勢を変えない。

二〇二二年一二月一三日には、運動は五〇〇回を迎え、特別に大規模な集会が開かれた。前夜からの雨が上がり、青空が広がったこの日、大阪府庁前の大阪城公園には、市民ら三〇〇人が集まった。すぐそばでは一九四八年四月、朝鮮学校閉鎖令に抗議して起きた「阪神教育闘争」が起こり、一六歳の少年が亡くなっている。

「朝鮮高級学校無償化を求める連絡会・大阪」事務局長を務める長崎由美子《ながさきゆみこ》が口火を切った。

「朝鮮学校の子どもたちの笑顔と夢を取り戻そうと府庁の前に立ち、一〇年の歳月が経ちました。残念ながら差別は変えられず、むしろ強まる中で、今日を迎えています。私たちは決してあきらめないこと、変えていけることを改めて今日、確認したいと思います」

大阪朝鮮中高級学校オモニ会の梁淑子《リヤンスクチヤ》会長（四四歳）もマイクを握った。

「なぜウリハッキョが存在するのか、皆さんにももう一度考えていただきたいです。ウリハッキョ（私たちの学校）は三六年間の植民地支配から解放された一世たちが、二度と植民地の奴隷にはならないと、奪われ続けた言葉、民族、文化を取り戻したいと、子どもたちには民族性をしっかり学ばせて、立派な朝鮮人に育てあげなければいけないという思いで朝鮮学校を建てました」

その後、自民党衆院議員・杉田水脈による在日コリアンへの差別的発言を引用し、「ひどいですよね。こういう人が総務政務官、権力の中枢にいるんです。ということは、ウリハッキョに対する差別もそう簡単になくならないと思っています。でも、大阪の全国の、オモニたちは負けません。こうして支援してくれる日本の方々、母国からの支援、韓国からの支援、海外のコリアン同胞の支援があります。勝利のその日までオモニたちが先頭に立って闘っていきます」

梁は高二の長男と中三の長女、小六の次男を朝鮮学校に通わせる。自身も大阪朝鮮高級学校の出身だ。後日話を聞くと、「補助金が削られ、親の負担は増えました。以前は月の学費が二万円台だったが、今は一人四万五〇〇〇円。それに定期代が八〇〇〇円。三人の子どもに月一二万円もかかる。でも、ウリハッキョはお金に換えられないものがあるんです。プライスレスです」と訴えた。

「朝鮮人として恥じることなく、堂々と生きていく、自分の人生をまっとうするためには、自分のアイデンティティーを育《はぐく》む必要がある。子どもの幸せを願い、（小中高の）一二年間は朝鮮学校に通わせると決めているんです」

弱体化する朝鮮学校

韓国から訪れた「ウリハッキョと子どもたちを守る市民の会」の孫美姫《ソンミヒ》も挨拶《あいさつ》に立った。

「当たり前のことを要求し、怒りの声を出し、子どもたちを差別するな、学ぶ権利をくれ、と当然の権利を要求してきました。日本の植民地支配によってここに住んでいる朝鮮人、朝鮮学校の子どもたちに反省、謝罪し、愛情をもって見守るどころか、野蛮な差別をするなんて、あり得ません」

そのうえで「あきらめずに最後までともにし、必ず勝ちましょう。子どもたちに笑顔と力を与えましょう」と呼びかけた。

火曜日行動の常連の一人で、「城北ハッキョを支える会」（二〇〇九年設立）の代表を務めてきた大村和子（七九歳）はこんな話を紹介した。

「運動の当初、初級学校一年生が作文を読みました。『私はウリハッキョに通う一年生です。一年間でウリマル（朝鮮語）も書けるようになり、漢字検定一〇級にも合格しました。一輪車にも乗れ、朝鮮舞踊とか歌とか習えてとても楽しいです。だから私たちのウリハッキョがなくなってほしくありません。日本の大人の人たち、ウリハッキョをいじめないでください』と。この少女は今、高級学校三年になります。この少女の言葉に私たちはきちんと答えなければなりません」

火曜日行動は当初一〇人ほどでスタート。最初のうちはビラを配布しても、はねつけられたり、ゴミ箱に捨てられたりしたこともあった。大村は「朝鮮学校のことを知らない人があまりに多い。でも、メディアの報道やホームページを通じ、少しずつ輪は広がってきた」と振り返る。五〇〇〇回のうち休んだのは一〇回程だという。

多くの市民の応援が続く中、高校無償化排除や補助金停止の流れは変わらない。負担の大きさから入学を敬遠する家庭も多く、少子化も加わり、朝鮮学校の弱体化は全国的に進んでいる。朝鮮学校の牙城ともいえる大阪府でも二〇二三年春、八校あった朝鮮学校が五校に再編された。六三年の歴史を閉じることになった城北朝鮮初級学校（大阪市旭《あさひ》区）では二〇二三年三月、雨天の中でお別れイベントが開かれた。

挨拶に立った「支える会」代表の大村は、「朝鮮学校は日本社会の鏡なんです。だからこそ活動を続けるんです」と振り返った。日本社会の歪んだ差別が朝鮮学校に反映し、子どもたちが影響を受けているからこそ「目を背けられない」と語る。最後は「城北朝鮮初級学校、チョアチョア」と会場に呼びかけた。チョアチョアは「いいぞ、いいぞ」の意だ。

大村は大阪府内の元小学校教師。在職中から地域の在日の子どもらの教育支援にかかわり、退職後に朝鮮学校支援を本格化させた。夫やかつての教師仲間とともに年数回、給食を調理して提供する活動を続けてきた。

同校の卒業生は二〇〇〇人程度だが、ボクシングの世界チャンピオンやラグビーU20日本代表を輩出し、複数の弁護士も活躍している。朝鮮学校はどこも少人数だが、密度の濃い教育が結果的に人材育成につながっているようだ。城北朝鮮初級学校の最後の校長となった金《キム》哲《チョル》（五四歳）は「朝鮮学校の卒業生は、学校での人間関係が濃密なため、コミュニケーションの能力が高い。生きていく力が高いのでしょう」と語った。

「熱狂」の中で刻む歴史

二〇二三年四月二九日、大阪・鶴橋のコリアタウンは、朝から大勢の観光客らでにぎわっていた。東西約五〇〇メートルにわたり約一二〇店舗が並ぶ。キムチやチヂミを売る伝統的な店から、K-POPの関連商品を売る店までさまざまで、年間約二〇〇万人が訪れる。

鶴橋は一九三〇年代から「朝鮮市場」と呼ばれる市場ができ、戦後も多くの在日コリアンが残り、闇市としても栄えた。近年は新たなビジネスチャンスを求めてニューカマーの韓国人も店を構える。

大阪と朝鮮半島とのつながりは、近現代に始まったものではない。コリアタウンの入り口にある御幸森《みゆきもり》天神宮には、古代の日朝交流の歴史が記されている。百済から漢字を伝えたとされる王仁《わに》博士が、仁徳《にんとく》天皇の即位を祝った難波津《なにわづ》の歌碑が建つ。難波津は現在の鶴橋に近い場所にあり、周辺には多くの渡来人が訪れたとされる。

そんなコリアタウンのメーンストリートから数十メートル入った場所に四月二九日、「大阪コリアタウン歴史資料館」ができた。雲は多いが、初夏のような陽気となり、在日コリアンや日本人の関係者ら約一〇〇人が資料館前に集まった。

告祀《コサ》と呼ばれる朝鮮の伝統儀式が始まり、豚の頭をおいた祭壇に来賓一人一人が頭を下げた。その後、関係者でテープカットし、近くの施設でセレモニーが開かれた。

副館長で大阪公立大の伊地知《いじち》紀子《のりこ》教授は言う。

「大切なのはコリアタウンがなぜここにあるのかということ。この地域は急に出来たわけではない。長い歴史によってできた場所だということを知ってほしい」

通常、歴史を紹介する資料館は、古い時代から現代へという流れで説明するケースが多いが、ここは全く逆だ。入り口には若い人たちでにぎわう現代の鶴橋を紹介。次第に遡《さかのぼ》り、戦争、植民地支配の時代へと移っていく。

「多くの人は在日の歴史を知らない。いきなり植民地の時代となると、気後れしてしまう。入りやすいところから入ればいいんです」と伊地知は話す。

「この地域ではいろんなルーツの人たちが隣同士で生きてきたんです。在日コリアンだけの歴史としてではなく、自分にもかかわる歴史として知ってほしいんです」

韓流映画やＫ‐ＰＯＰアイドルの熱狂的な人気は歓迎すべきことだが、好きになるだけでいいのか。それとも日韓の歴史まで学ぶべきなのか。しばしば関係者の間で議論になる命題だ。「どちらも大切ではないでしょうか。私たちの過去がどうだったのか、自ら問うてもらうことが大切」と伊地知は語る。

「韓流ブーム、Ｋ‐ＰＯＰを入り口にし、この資料館を手がかりにして、知ってもらいたいですね」

確かな情報に触れることこそ、在日コリアンや朝鮮半島の理解につながり、ヘイトクライムを防ぐと考える。

資料館の入り口には「共生の碑」という石碑が建っている。碑の裏には、詩人・金時鐘（九四歳）による詩が刻まれている。猪飼野《いかいの》と呼ばれる在日コリアンが移り住んだ歴史を振り返りながら、最後は未来に向け、こう結んでいる。

「日本の果てのコリアンの町に　列をなして訪れる日本の若者たちがいる。小さい流れも合わさっていけば本流さ。文化を持ち寄る人人の道が　今に大きく拓かれてくる。」

近くで開かれた記念式典で、金は挨拶に立った。会場には、地域の在日コリアン、朝鮮総連や民団の関係者、駐大阪韓国総領事も集まった。分断しがちな社会を一つにつなぐことができる存在こそが在日コリアンなのだと説き、「生き方、考え方、政治心情を異にする人たちが一つの場を作り上げた。長生きできて幸いです」と感慨深げに語った。

金は高い評価を受ける詩人であり、大阪を拠点とする在日コリアンの象徴的存在だ。金は第二章で紹介した放火被害に遭ったコリア国際学園で、学園長も務めている。学園の敷地内で火が放たれる事案が起きたことを、どう思うだろうか。式典後に尋ねると、金は穏やかな口調でこう答えた。

「うん、日本の精神風土なのでしょうかねえ。差別というより、朝鮮人に対する蔑《さげす》み、蔑視というか……」

次世代への希望を持ちつつも、怒りや憤りがない交ぜになった複雑な思いが伝わってくる。

いじめや差別の愚かさを訴える在日コリアン三世

Ｋ‐ＰＯＰに限らず、サブカルチャーは時に人と人とをつなぐ接着剤になる。大阪を拠点に対話や理解の大切さを自然体で訴えている在日コリアン三世の男性がいる。ジャグリング（道具を巧みに操る技術）の世界的パフォーマー、ちゃんへん．（三七歳）（本名・金昌幸、以降ちゃんへん）だ。放火事件があったウトロ地区の出身で、小学校時代は在日コリアンであることを理由に壮絶ないじめにも遭った。

中学生のころ、たまたま立ち寄った雑貨屋でジャグリングに出会う。不断の努力で実力をつけ、米国の大会に出場して優勝。その後もパフォーマーとして国内外で活躍を続けている。欧米や中東など世界各地を巡り、自身のジャグリングを通し、人々の笑顔や希望が生まれることに気づいた。近年は、ジャグリングの披露と自身の講演を合わせた学校への訪問イベントに力を入れており、年間一〇〇回以上をこなす。いじめや差別の愚かさや在日コリアンの歴史に触れることも多い。

ちゃんへんが大切にしているのは対話だ。ある時、京都市内のフードコートで、ヘイトデモに出かける前の若い男性二人組に声をかけた。「朝鮮」という言葉を否定的に繰り返していたのが聞こえたからだ。「そんなつまらんデモに行くより、俺と飲む方が楽しいで」。後日、仲間を連れて韓国料理店などを一緒に巡り、二人と懇意になった。うち一人はK－POPにはまり、長期で韓国に渡るまでになった。人は変われることをちゃんへんは信じる。

うまくいくことばかりではない。二〇二二年一〇月のある夜、友人に誕生日を祝ってもらい、大阪市内を歩いていると、知人の男性と出会い、声をかけられた。この男性が一緒にいた男に「この人、北朝鮮の人ですよ」と話すと、その男が急に「北朝鮮か、ミサイル飛ばすな」との言葉をはき、首のあたりを殴ってきた。すると、周りの男も暴力に加勢し、危険を感じたちゃんへんはすぐにその場を離れた。

後日、弁護士と一緒に会いに行くと、男は反省した様子だった。メディアでミサイル発射実験のニュースなどを見て、北朝鮮への憎しみを抱いていたという。男とは、在日コリアンの歴史を多角的に学ぶことを条件に示談した。ちゃんへんはこう語る。

「彼は、朝鮮学校が脱北者の子どもが集まる学校だと思っていたんです。それくらい何も知らない。むしろメディアの被害者かもしれません」

ヘイトスピーチやヘイト街宣などにかかわる人物とはこれまで多く出会ってきた。

「心の底から憎悪のようなものを抱いている人物はほんの一部でしょう。自尊心が低い人が歪んだ情報によって暴走して、相手を傷つける。そんなケースが多いように感じます」

一万三〇〇〇人の希望

二〇二三年四月三〇日、京都府宇治市のウトロ平和祈念館で一周年を祝う式典が開かれた。第一章で紹介した有本が、何としても開館を阻止しようと考え、放火の動機になった施設だ。

早朝の雨が上がり、薄く陽が差し始めた午前一〇時、祈念館前の広場で、賑やかな農楽隊の演奏が響いた。太鼓や鉦を鳴らすのは、地区住民のオモニたちだ。エメラルドグリーンのチマ・チョゴリがまぶしい。農楽隊は、土地問題で闘う中で、住民たちが自らを鼓舞し、社会に問題を訴えるために結成されたものだ。闘争が終了した今は住民たちのこれまでの生きざまを表現する手段になっている。

式典で、田川明子《たがわあきこ》館長が挨拶に立った。「ちょうど一年前、どうなることかと見守ってくれた人がたくさんいたと思います。でも、一年間で延べ一万三〇〇〇人の来館者がありました」と報告すると、二五〇人の参列者から拍手がわいた。

「ウトロ問題はどうなるのだろう、という大変危機的だった状況の時を考えると、この数字は奇跡的だと思っています」と語り、「ここでは南も北もなく、朝鮮人も日本人もなく、長い間運動を担ってきた人も今日から始めた人もなく、みんながウトロを守ろう、ウトロとともにありたいと考えてくださった人たちの集大成がここにあるんです」。淡々とした口調だが、深い喜びが伝わってくる。

「危機的だった状況」とは何を指すのか、式典後、聞いてみた。

「放火事件があった時と、土地を巡る裁判が確定した時ですね。お金もないし、絶望的でした」

ウトロは長い間、土地の所有権を巡って法廷で争ったが、歴史的経過などを無視した法律判断で、住民側の敗訴が確定した。強制執行によっていつ住民が家から追い出されてもおかしくない状況が生まれた。裁判を支えたのは、地域の日本人らで作る「ウトロを守る会」。その中心となったのが田川だ。運動がピークだったころは、ニュースレターを一〇〇〇部近く配り、会議にも二〇人近く集まった。しかし、判決確定後は「策は尽きた」と、諦めの空気が広がり、残ったメンバーは田川を含め三人になったという。

一九八五年ごろ、ウトロ地区を初めて訪れた田川は「水道もないこんな劣悪な地域があったのか」と驚愕したという。田川は一九四五年生まれ。高度成長期を経て、戦後四〇年近くも過ぎたのに、豊かさから完全に放置された地域の現実がそこにあった。

「これは在日コリアンの問題ではなく、在日日本人の問題なんです」

米国の公民権運動を引き合いに、「マイノリティーの問題は、マジョリティーこそが解決すべきなんです」と強く語る。

苦難をくぐり抜け、土地問題は解決し、住民らの一部が市営住宅に入居した。平和祈念館の完成が間近に迫り、運動の最終段階で起きたのが放火事件だった。

展示品の一部は燃え、関係者は一時うちひしがれたが、二〇二二年四月三〇日、ウトロ平和祈念館は開館にこぎつけた。祈念館前の広場に移築された飯場の建物には、台所の流し台が展示されている。もとは祈念館内に展示する予定だったが、放火事件で被害に遭った。炎に包まれ、黒焦げになっても外形はしっかりと残る。歴史を語り続けるという強い意思を帯びているかのようだ。

当初見込んでいた祈念館の年間来館者数は二〇〇〇人だったが、その六倍以上の人が訪れるという「誤算」が起きた。在日コリアンに一方的に憎悪を深めた青年に妨害された祈念館だが、皮肉にも事件の影響で注目され、国内外から多くの人が足を運んだのだ。

憎悪への対抗

祈念館のテーマは「ウトロに生きる　ウトロで出会う」だ。開館から一年。実際に多くの出会いがあり、交流を生んできた。ウトロ民間基金財団の郭《カク》辰《チ》雄《ヌン》理事長が一年を振り返った。

祈念館の一階はカフェテラスになっている。住民らが交流する「ウトロカフェ」を開き、そこにボランティアの若者や留学生らが加わり、一緒に話し、食べ、料理や小物を作ったりした。「こんな苦労をしていた人たちがいるのは知らなかった」「在日の人たち、韓国の人たち、日本の人たちがともに歩んでこんな立派な施設が作られた。その歴史を学びたい」など、来館の感想からは、知ることによる気づき、喜びが伝わる。

京都府宇治市の立命館宇治高校の生徒たちは、ウトロ事件を受け、動画作成に取り組んだ。国語教諭の大西祥太郎（四三歳）の提案で、選択科目「文化と表現」の授業を使って撮影、編集、制作にあたった。三年生の六一人が六グループに分かれ、在日二世、三世の自宅を訪ねて話を聞き、祈念館で学び、放火事件の現場に足を運んだ。撮影や編集に関しては、二〇〇三年に映画『ウトロ　家族の街』を制作した武田《たけだ》倫和《ともかず》監督から指導を受けた。四時間ほど撮影した映像を一〇分程度のドキュメンタリー作品にまとめた。

「差別について考えてほしい」との大西の願いは伝わった。生徒たちは、ネット上に残る地区を非難する動画を引き合いに、「最初にこうした動画を見たら、ウトロの人がおかしいと思っていたかもしれない。でも、住民にインタビューをした後に見ると全然違うことが分かる。（放火事件の）犯人は動画による知識しかなかったのではないか」と話したという。生徒たちは二〇二二年一二月、ウトロ地区の住民を学校に招いて上映会を開催。一緒に昼食を食べて交流した。

宇治市に隣接する城陽《じょうよう》市にある府立城陽高校の美術部の生徒たちは「消えていくウトロの町並みを何とか残したい」と、ミニチュア模型を一〇人がかりで作った。二〇二二年七月から二三年三月にかけ、航空写真や建築資料をベースにし、地区を実際に何度も歩いて準備した。発泡スチロールを細かく加工し、絵の具で塗って仕上げた。ある三年の男子部員（一七歳）は作業にかかわる以前、「ウトロは怖いところ」という印象を持っていた。父親が若いころ、配達のアルバイトをし、友人から「あそこは気をつけた方がいい」とよく言われていたという話を聞いていたためだ。

しかし、実際に祈念館を訪れ、住民とふれあい、「多くのことを学びました。今は手を取り合っている感じかな」。学校で使う歴史の教科書には、日本に都合の悪いことが書かれていないと考えるようになったという。

「ここで学び、日韓関係にも関心を持つようになった。今は応援するような気持ち。できることは少ないが、日韓関係をよくなるようなことを何かしたいです」

郭によると、この一年間で行政、大学、企業、市民団体など三〇〇団体が研修目的で祈念館を訪れた。運営を助けるボランティアは近隣住民や大学生ら一三〇人に上る。会費で支える登録サポーターも八〇〇人を超え、支援の輪は着実に広がっている。

一連の活動や成果を報告した後、郭はこう述べた。

「ヘイトクライムという胸の痛い被害を受けながら、憎悪を向けられた祈念館が、多くの人たちへの学びと希望を与える施設として一年間、取り組みを続けてこられた、ということを心から喜びたいです」

式典が終わり、田川に話を聞いた。高齢で体調が万全でない中、「今日は這《は》ってでもくるつもりでした」と優しい笑顔を見せた。ウトロ地区に放火した有本についてどう思うのか尋ねると、「裁判で在日コリアンの人たちに会ったことがない、と話したことが本当に驚きでしたね」と振り返った。「今、彼に伝えたいことは何ですか」と問うと、田川はしばし間を置き、語りかけるように言葉を発した。

「一度こちらにおいでなさい、と言いたいですね。ウトロのおばさんたちは、きっとチヂミやごはんを食べさせるはずですよ」

そしてこう加えた。

「まずは、出会ってくださいと言いたいです。人と人が出会うことが何より大切なんです」

一人の在日コリアンにも出会う機会がないまま、ネット上の根拠不明の情報をもとに憎悪を募らせた男が放火に至った。今、情報の量やスピードは、悪夢が起きた一〇〇年前とは比較にならない。同様の事件が繰り返され、エスカレートすれば、その先に何が起こるのか。想像がつかない。いや、想像したくはない。

まずは「出会うこと」。社会の分断が進み不安が支配し、暴走が起きかねない時代だからこそ、この言葉の意味を重く受け止めたい。

あとがき

関東大震災から一〇〇年を迎えた二〇二三年、日本社会の枠組みを変容させる動きが相次ぐ。難民申請中の外国人を送り返すことを可能にする改正入管難民法が成立した。防衛費増額に向けた財源確保法が成立し、武器輸出緩和の動きもじりじりと進む。異質なものを排除し、力を頼りに外部に対抗する空気が確実に濃くなっている。そんな中で深刻化するヘイトクライムは決して特異な個人の犯罪ではなく、変化する私たちの社会を凝縮した自画像のようなものではないかと感じる。

自戒を込め、メディアの現実にも触れたい。二〇一三年、大阪・鶴橋の街頭で公然と差別的なデモが起きた当時、私は毎日新聞の大阪本社社会部で、現場記者の統括役だった。社会の動きを最前線で追う部署とされる。ネット上には動画が上がり、問題視する声も相次いでいた。問題意識を持つ後輩記者もわずかにはいたが、取材の機会を見送ってしまった。「警察が動いていないから」「発言を取り上げると、より差別を広げてしまう」「同業他社は報じていない」。周囲から聞こえる事なかれ主義、責任回避の声に屈した恰好《かっこう》だ。その後、個人で短い関連記事を書いたことはあるが、本気で取り組んできたとは言いがたい。

共著者で、写真映像記者の後藤由耶は、鶴橋のヘイトデモを当時目撃し、「どす黒い何かにとりつかれたような身体が重くなる感覚」にとらわれたという。後藤は「何をどう書けばいいのか」と一時悩んだが、各地の現場を歩き、模索しながら発信を続けてきた。反差別を掲げる市民との出会いから「差別に反対し、闘う報道」の必要性を感じたと話す。

それから一〇年。ウトロ放火事件やコリア国際学園事件などが相次ぎ、明らかに事態は悪化している。私たちメディアが十分に伝えてこなかった不作為も、差別状況の悪化に加担しているのではないか。本書執筆は、そんな問いへの答えを探る過程でもあった。

執筆にあたっては、ヘイトスピーチ、ヘイトクライムの被害に苦しむ在日コリアンの方々、支援者をはじめ幅広い関係者の方々に協力いただいた。被害を受ける側の多くが実名を出せないという歪んだ現実も改めて重く受け止めたい。

執筆は鵜塚健、後藤由耶が主に担当したが、大阪本社写真部京都駐在の山崎一輝《やまざきかずき》記者には裁判傍聴や拘置所面会等で多大な協力を得た。大阪本社社会部、京都支局、徳島支局の同僚記者にも裁判関連で情報を提供してもらった。

ヘイトスピーチ問題の第一人者である弁護士の師岡康子さんには随所でアドバイスをいただいた。KADOKAWA教養書籍課の編集者、久保奈々子《くぼななこ》さんには問題意識を共有してもらい、多くの的確なアドバイスをいただいた。心から感謝したい。
差別と憎悪に煽《あお》られ、坂道を転がり落ちないために。踏みとどまって考えるきっかけとなる一冊になれば幸いだ。

二〇二三年八月

鵜塚　健

主要参考文献一覧

【書籍】
・大畑裕嗣、三上俊治『関東大震災下の「朝鮮人」報道と論調(上)』東京大学新聞研究所紀要　第三五号、一九八六年
・奥平俊蔵著、栗原宏編『不器用な自画像　陸軍中将奥平俊蔵自叙伝』柏書房、一九八三年
・外国人人権法連絡会編『日本における外国人・民族的マイノリティ人権白書』外国人人権法連絡会、二〇二二年、二〇二三年
・関東大震災時に虐殺された朝鮮人の遺骨を発掘し追悼する会編『風よ鳳仙花の歌をはこべ　関東大震災・朝鮮人虐殺から70年』教育史料出版会、一九九二年　※現在は絶版。ころからから増補新版が二〇二一年に出版されている。
・姜徳相・琴秉洞編『現代史資料(6)関東大震災と朝鮮人』みすず書房、一九六三年
・金尚均編『ヘイト・スピーチの法的研究』法律文化社、二〇一四年
・四竈孝輔『侍従武官日記』芙蓉書房、一九八〇年
・田原洋『関東大震災と中国人　王希天事件を追跡する』岩波書店、二〇一四年
・ちゃんへん.『ぼくは挑戦人』集英社、二〇二〇年
・朝鮮大学校『関東大震災における朝鮮人虐殺の真相と実態』朝鮮大学校、一九六三年

・中村一成『ルポ　京都朝鮮学校襲撃事件　〈ヘイトクライムに抗して〉』岩波書店、二〇一四年
・中村一成『ウトロ　ここで生き、ここで死ぬ』三一書房、二〇二二年
・西崎雅夫編『証言集　関東大震災の直後　朝鮮人と日本人』ちくま文庫、二〇一八年
・野間易通『「在日特権」の虚構　ネット空間が生み出したヘイト・スピーチ』河出書房新社、二〇一三年
・毎日新聞取材班『SNS暴力　なぜ人は匿名の刃をふるうのか』毎日新聞出版、二〇二〇年
・師岡康子『ヘイト・スピーチとは何か』岩波新書、二〇一三年
・梁英聖『レイシズムとは何か』ちくま新書、二〇二〇年
・安田浩一『ネットと愛国』講談社＋α文庫、二〇一五年

【新聞】
・「ウトロは第二の祖国」毎日新聞、二〇一五年八月一九日、朝刊京都面
・「京都・宇治　在日1世、ウトロで生き抜いた」毎日新聞、二〇二〇年一二月一二日、大阪夕刊
・「ヘイト解消法で『裏切り者』に　自民・西田氏『つゆほども後悔なし』」毎日新聞、二〇二一年七月二〇日、デジタル版
・「復活『ウリ法律事務所』金敬得弁護士の遺志継承」民団新聞、二〇二二年九月一五日、デジタル版

図版作成　本島一宏

本書は書き下ろしです。

鵜塚　健（うづか・けん）
1969年、東京都生まれ。毎日新聞大阪本社編集制作センター編集部長。93年入社、大津支局、大阪本社社会部、外信部、テヘラン支局長、大阪本社写真部長等を経て現職。近年は在日外国人問題の取材に力を入れる。著書に『イランの野望　浮上する「シーア派大国」』（集英社）、『SNS暴力　なぜ人は匿名の刃をふるうのか』（共著、毎日新聞出版）。龍谷大学大学院非常勤講師。

後藤由耶（ごとう・よしや）
1981年、東京都生まれ。毎日新聞東京本社写真映像報道センター記者。2008年入社、大津支局、大阪本社写真部を経て現職。11年の東日本大震災の際には発災当日から現地で取材。ヘイトスピーチ解消法成立前からヘイトスピーチ問題を大阪や川崎などで追ってきた。15年からは新たに立ち上げられた映像取材部門での取材を担う。

ヘイトクライムとは何《なに》か

連鎖《れんさ》する民族差別犯罪《みんぞくさべつはんざい》

鵜塚《うづか》　健《けん》　後藤由耶《ごとうよしや》

2023年 9月 10日　初版発行

発行者　山下直久
発　行　株式会社KADOKAWA
〒102-8177　東京都千代田区富士見 2-13-3
電話　0570-002-301（ナビダイヤル）

装 丁 者　緒方修一（ラーフイン・ワークショップ）
ロゴデザイン　good design company
オビデザイン　Zapp!　白金正之
印 刷 所　株式会社暁印刷
製 本 所　本間製本株式会社

角川新書

ISBN978-4-04-082472-7 C0236